초등학생을 위한

미리내 국어

책임집필 황종일

4·2

책임집필 황종일

고려대학교 졸업, 現 독서활동연구소 소장, 現 책읽기와 글쓰기 리딩엠 / (주)리딩엠 대표이사

〈주요저서〉

서울대생 13인의 초등시기 독서이력 '초등시기 나는 이렇게 책을 읽었다' (엮음)

초등학생을 위한 갈래별 글쓰기

독서활동 학습지 'why? 과학' 편 시리즈 1권 ~ 5권

초등학생을 위한 미리내 국어

연구 및 집필에 함께 한 분들

교재연구 및 개발팀장 **현민형**

조효순 숭의초등학교교사

황순영 해송초등학교교사

주명희 소사초등학교교사

구혜령 당하초등학교교사

김선민 서울대학교교육학과

(※ 집필진 소속은 최초 연구 집필과 발행시 기준임)

초등학생을 위한
미리내 국어

펴낸이 : 황종일

연구개발 : 현민형, 조효순, 황순영, 주명희, 구혜령, 김선민

펴낸곳 : (주)리딩엠

주소 : 서울특별시 서초구 고무래로10길 27 주호빌딩 4층 (주)리딩엠 본사

초판발행 : 2011년 1월 10일 | 5쇄발행 : 2021년 11월 1일

구입문의 : 전화 02)537-2248 | 팩스 02)2646-8825

디자인 : 기명진, design86 김서형

본문삽화 : 노신영

출판등록번호 : 제2010-000074호

홈페이지 : www.readingm.com

이 책을 펴내며

미리내 국어가 쉽고 재미있는 학교 공부가 되도록 하겠습니다.

많은 학부모님들께서 바뀐 초등 국어교과서가 어렵다고 하소연합니다. 아시다시피, 개정 교과서는 한마디로 수준을 한 단계 높이는 방향으로 개정되었습니다. 지문은 실생활에서 흔히 사용되는 다양한 종류의 글들이 실려 있을 뿐만 아니라, 지문의 길이 또한 많이 길어졌다는 점이 특징입니다. 이는 많은 독서량을 통해 배경지식을 넓혀야 할 뿐만 아니라 많은 어휘를 알고 있어야 한다는 것입니다. 특히 개정 교과서는 문법영역 역시 강조하고 있습니다.

미리내 국어는 초등 교과서에 수록된 어휘와 문장 등을 분석하여 우리 아이가 교과서 지문을 만나기 전미리 어휘, 문장, 어법, 띄어쓰기, 맞춤법, 관용어(속담, 격언), 일상생활 용어, 문장, 표현 등을 익힐 수 있게 학년별, 학기별로 교과서 내용구성 순서에 맞춰 만들어졌습니다.

미리내 국어는 아이들에게 학교 수업에서 자신감과 흥미를 갖게 하는데 훌륭한 학습서가 될 것입니다. 특히 이 책은 실제 학교 현장에서 지도하고 계시는 선생님들의 경험과 대치동과 목동에서 수년 동안 학생들을 지도했던 경험을 토대로 만들어졌습니다. 따라서 이 교재에는 아이들이 국어 수업을 받을 때 많이 틀리는 부분과 꼭 알아야 할 부분들이 자세하게 실려 있습니다.

아무쪼록 미리내 국어가 초등학교에 진학을 앞둔 아이부터 초등학교 6학년 아이들까지 국어의 즐거움을 만끽하게 하는 디딤돌이 되기를 간절히 희망합니다.

발행인 황종일

미리내 국어 구성과 특징

1 학교에서 수업을 받기 전에 학교 수업에 필요한 필수 어휘와 문법을 미리 학습할 수 있습니다. 한 학기 혹은 한 학년 앞선 국어 학습을 함으로써 국어 능력은 물론 전체 학습 능력을 높이는 데 도움이 됩니다.

2 미리내 국어를 학습하는 것만으로 학교 국어 학습에 필요한 대부분의 어휘와 문법을 배울 수 있도록 구성하였습니다. 한글의 구성 원리에서부터 어휘의 뜻, 어휘들의 의미 관계까지 어휘 학습에 필요한 다양한 내용과 형식의 문제를 출제하였습니다. 특히 학교에서 치르는 맞춤법, 띄어쓰기, 받아쓰기 시험 대비를 집중적으로 할 수 있도록 하였습니다.

3 각 학년에서 반드시 알아야 하는 어휘와 문법을 교과 진도에 따라 구성하였습니다. 그리고 국어 교과서의 각 단원을 두 단계로 나누어 다양한 내용과 형식의 국어 문제를 접할 수 있도록 구성하였습니다.

4 각 단계마다 국어 교과서의 지문을 함께 실었습니다. 교과서 지문 안의 어휘와 문장, 글의 내용을 이해하는 데 필요한 문제로 구성하여 학교 수업에 도움이 되도록 했습니다. 또한 한 학기 혹은 한 학년 앞선 국어 학습을 통해 국어 교과서 선행 학습의 효과도 얻을 수 있습니다.

5 새로 개정된 교과서의 내용에 맞춰 제작되었습니다.

6 학년 수준에 맞춰 내용을 구성하면서도 여러 난이도의 문제를 골고루 배치하여 모든 아이들의 학습 수준을 아우를 수 있도록 하였습니다.

7 어휘와 문법 이외에도 비유적 표현, 속담, 문장의 숨은 뜻 등 문장 이해력을 높일 수 있는 문제 비율을 높였습니다. 교과서 지문과 연계된 문장 이해력 문제를 풀어봄으로써 독해 능력을 향상시킬 수 있도록 하였습니다.

8 전 학년 공통 문제 형식과 학년별 문제 형식을 적절하게 배치하여 아이들이 어려워하지 않고 재미있게 학습할 수 있도록 하였습니다.

4-2 목차

01 낱말의 기본형

문제 밑줄 친 낱말의 뜻을 국어사전에서 찾으려고 합니다. 국어사전에 나와 있는 기본형을 고르세요.

1

이 약을 먹으면 병이 빨리 **나을** 거야.

감기가 **낫는** 것 같더니 다시 심해졌어.

빨리 **나아서** 같이 놀자.

① 낮다   ② 나다   ③ 낫다

2

새들이 무리를 지어 **난다**.

비행기가 하늘 높이 **날고** 있어.

나는 새도 떨어뜨린다.

① 날다   ② 날으다   ③ 난다

3

이 상자는 무척 **가벼워서** 쉽게 들 수 있을 거야.

이 문제를 **가볍게** 생각하면 안 돼.

입이 **가벼운** 사람은 믿을 수가 없어.

① 가엽다   ② 가벼다   ③ 가볍다

문제 다음 문장을 읽고 빈칸에 공통으로 들어갈 낱말을 쓰세요..

1 날아오는 공에 (　　　　　　　) 아서 머리에 혹이 났다.

영아는 나를 반갑게 (　　　　　　　) 아주었다.

네가 생각한 답이 (　　　　　　　) 는지 확인해보자.

➡
....

2 아침에는 비가 오더니 오후가 되자 날씨가 활짝 (　　　　　　　) 었다.

옷들을 차곡차곡 (　　　　　　　) 어 옷장 속에 넣었다.

이 약은 반드시 물에 (　　　　　　　) 어 먹어야 합니다.

➡
....

3 희주는 소리 내어 (　　　　　　　) 고 싶었지만 꾹 참았다.

시끄러운 소리가 들려 밖으로 나가보니 닭이 (　　　　　　　) 고 있었다.

벽지가 (　　　　　　　) 지 않게 도배를 꼼꼼하게 해야 한다.

➡
....

개 (다)　　　맞 (다)　　　울 (다)

문제 다음 글에서 밑줄 친 부분과 바꿔 쓸 수 있는 낱말을 고르세요.

1 <u>옛날부터 전해 내려오는 이야기</u>에 따르면 이 연못에는 용이 살고 있다고 합니다.

① 전설 　　　　② 소설

2 <u>비행기가 하늘 위로 떠오르기</u> 위해서는 활주로가 필요하다.

① 이륙 　　　　② 착륙

3 내 친구 기철이는 <u>키</u>가 160cm입니다.

① 부피 　　　　② 신장

4 이유 없이 함부로 <u>남을 믿지 못하면</u> 안 된다.

① 동정하면 　　　　② 의심하면

5 우리나라는 천연자원이 많지 않아서 <u>다른 나라로부터 사들여야</u> 한다.

① 수입해야 　　　　② 수출해야

04 교과서 읽기 (1)

문제 다음 글을 읽고 물음에 답하세요.

토요일 오후, 집으로 돌아오는 길모퉁이에서였습니다. 어디에서인가 야릇한 소리가 났습니다. 가냘프지만 무척 다급한 소리였습니다.

'아!'

무심코 주변을 둘러보던 나는 깜짝 놀랐습니다. 내가 서 있는 곳에서 불과 이삼 미터 정도 떨어진 곳에 까만 고양이 한 마리가 엎드려 있는 것이 눈에 띄었습니다.

"애앵, 애앵, 애애앵."

고양이는 계속해서 울부짖었습니다. 그것은 소리가 아니라 거의 비명처럼 들렸습니다.

1 윗글을 잘 읽고, 관계있는 것끼리 선으로 이으세요.

인물 •　　　　　• 울부짖는 고양이를 만남.

사건 •　　　　　• 토요일 오후, 집 근처 길모퉁이

배경 •　　　　　• 나, 고양이

문제 다음 글을 읽고 물음에 답하세요.

> 지나가던 언니가 발길을 멈추었습니다.
>
> "어머나, 이를 어째? 쯧쯧."
>
> 언니는 새끼 고양이의 머리를 안쓰러운 듯 한두 번 쓰다듬더니, ㉠나를 보고 어깨를 으쓱하였습니다. 그리고 발걸음을 재촉하며 떠나갔습니다.
>
> 그 다음에는 고등학생 오빠들이었습니다.
>
> "야, 야, 고양이가 죽어 가잖아. 네 고양이냐?"
>
> 나는 고개를 저었습니다. 토요일 오후의 햇살이 눈을 찔러 눈살을 찌푸리면서 말입니다.

1 언니가 '나'를 보고 어깨를 으쓱한 것은 무슨 뜻인가요?

① 고양이를 동물병원에 데리고 가자.

② 나는 고양이를 도울 수가 없구나.

③ 고양이가 참 귀엽구나.

2 윗글에서 일이 벌어지는 시간이 나타난 부분을 찾아서 쓰세요.

....

 다음 낱말 판에서 다섯 개 이상의 낱말을 고르세요. 그리고 고른 낱말들로 재미있는 이야기를 만들어 보세요.

버스	학교	생일	친구
바다	시험	엄마	강아지
병원	아이스크림	아빠	일요일
책가방	만화책	횡단보도	선생님

◎ 제목 :

◎ 이야기 :

01 '들리다'와 '들르다'

문제 〈보기〉에 있는 낱말의 뜻을 잘 보고, 문장에 어울리는 말에 O표 하세요.

보기

들리다 : 어떤 소리를 귀를 통해서 알아차리게 되다.

들르다 : 지나가는 길에 잠깐 머무르다.

예) 어디선가 노래 소리가 들려 왔다.
　　학원에 가는 길에 친구 집에 들렀습니다.

---

1 내 말이 잘 (들리면 / 들르면) 큰 소리로 대답해 줘.

2 다른 곳에 (들리지 / 들르지) 말고 곧장 가야 한다.

3 어머니께서 시장에 (들려 / 들러) 반찬을 사오셨습니다.

4 옆 사람에게 (들리지 / 들르지) 않게 작게 말했습니다.

02 맞춤법에 맞게 쓴 낱말

문제 바르게 쓴 낱말에 O표 하세요..

1 (도대체 / 도대채) 이 문제를 어떻게 풀어야 하는지 모르겠다.

2 저 나무는 (왠만한 / 웬만한) 태풍에도 쓰러지지 않아.

3 (숫병아리 / 수평아리) 한 마리가 마당에서 놀고 있다.

4 냇물에 두 발을 (담그고 / 담구고) 놀았다.

5 우체국에 가서 이 소포를 (붙이고 / 부치고) 오거라.

6 너는 (거짓말쟁이 / 거짓말장이)야.

7 나는 이번 시합에서 우리 팀이 이길 것이라고 (애상 / 예상) 하고 있다.

03 낱말의 뜻

문제 밑줄 친 부분이 어떤 뜻으로 쓰였는지 해당하는 번호를 써 보세요.

1 먹다

뜻 : ① 음식을 입을 통해 배 속에 들여보내다.
② 어떤 마음이나 감정을 품다.
③ 물이나 습기 등을 빨아들이다.
④ 일정한 나이에 이르거나 나이를 더하다.

다음부터는 실수를 하지 않기로 마음 <u>먹었다.</u> (　　　　)

물 <u>먹은</u> 솜이 매우 무겁다. (　　　　)

아침을 너무 많이 <u>먹어서</u> 배탈이 났다. (　　　　)

두 살 <u>먹은</u> 아이가 벌써 말을 한다. (　　　　)

2 쓰다

뜻 : ① 머릿속의 생각을 펜이나 연필로 글로 나타내다.
② 어떤 일을 하는 데에 재료나 도구를 이용하다.
③ 얼굴에 어떤 물건을 얹거나 덮다.

모자를 <u>쓰면</u> 얼굴이 햇볕에 타지 않는다. (　　　　)

일기는 매일 <u>쓰는</u> 것이 중요하다. (　　　　)

이 망치를 <u>쓰면</u> 못을 빨리 박을 수 있다. (　　　　)

 **문제** 다음 글을 읽고 물음에 답하세요.

저녁때였습니다. 밥맛이 없어 몇 숟가락 뜨다가 말았습니다. 어머니께서는 ㉠"밥보가 웬일이야?" 하며 웃으셨습니다. 식사를 마치고 나자, 언니가 내게 눈짓을 보냈습니다.

"고양이가 있는 곳이 어디야?"

언니는 검정 비닐봉지와 꽃삽을 들고 나를 재촉하였습니다.

"정말, 언니가 같이 갈 거야?"

"밥도 안 먹고 그러는 너를 보니 아무래도 용감한 이 언니가 도와주어야겠어. 고양이가 살았다면 병원에 데려다 주고, 죽었다면 땅에 묻어 주자."

나는 그때처럼 언니가 고마운 적이 없었습니다.

"요 맹꽁이야, 그렇게 마음이 아프면 용기를 내야지. 너 같은 사람을 뭐라고 그러는 줄 알아? 죽은 휴머니스트라고 그러는 거야."

언니는 핀잔하듯 나에게 눈을 흘겼습니다. 나는 언니의 말뜻을 어렴풋이 알 것 같았습니다. 행동은 안 하고 동정만 하는 사람! 뭐 그런 뜻일 거라고 생각하였습니다.

1 ㉠의 뜻으로 바른 것을 고르세요.

① 평소에는 반찬 투정을 하더니 오늘은 왜 안 해?

② 평소에는 밥을 늦게 먹더니 오늘은 왜 일찍 먹어?

③ 평소에는 밥을 많이 먹더니 오늘은 왜 조금만 먹어?

2 언니가 은선이에게 '죽은 휴머니스트'라고 말한 까닭은 무엇인가요?

① 은선이가 고양이를 동정만 하고 도와주지 않아서.

② 은선이가 고양이를 진심으로 걱정해서.

③ 은선이가 언니에게 고양이를 도와달라고 부탁해서.

3 윗글에서 일이 벌어지는 시간이 나타난 부분을 찾아서 쓰세요.

➡

....

4 다음 뜻풀이에 해당하는 낱말을 글에서 찾아 쓰세요.

기억이나 생각이 뚜렷하지 않고 희미하게.

➡

....

그림 읽기

문제 그림에 나오는 사람들이 무엇을 하고 있는지 생각해 보고, 그림의 내용을 설명하는 글을 써 보세요.

김홍도(金弘道)의 무동(舞童)

3 하나씩 배우며 (1)

01 높임말

문제 높임말이나 예사말이 잘못 쓰인 부분을 찾고, 바르게 고쳐 쓰세요.

1 공원에는 할아버지 세 명이 계셨습니다.

➡

....

2 어머니께서 많이 아파서 병원에 가셨습니다.

➡

....

3 선생님께서 우리에게 숙제를 꼭 하시라고 말씀하셨어요.

➡

....

4 할아버지 생일잔치에 친척들이 많이 오셨습니다.

➡

....

5 삼촌, 제 방학숙제 도와 줄 거죠?

➡

....

6 우리 집은 할머니를 데리고 삽니다.

➡

....

문제 밑줄 친 낱말의 뜻을 국어사전에서 찾으려고 합니다. 국어사전에 나와 있는 기본형을 고르세요.

1

갑자기 칭찬을 들으니 <u>부끄러워요.</u>

지영이는 <u>부끄러운</u> 표정으로 서 있었다.

너의 행동을 <u>부끄럽게</u> 생각하지 않아도 돼.

① 부끄러다　　② 부끄럽다　　③ 부럽다

2

목수들이 큰 절을 <u>짓고</u> 있다.

이 집을 다 <u>지으면</u> 모두가 함께 살 수 있어.

어디선가 밥을 <u>짓는</u> 소리가 들려왔다.

① 짓다　　② 지다　　③ 지으다

3

전학을 간 친구에게 편지를 <u>쓰고</u> 있어.

선생님께서 반성문을 <u>써</u> 오라고 하셨어.

글씨를 아무렇게나 <u>쓰지</u> 말고 또박또박 <u>써라.</u>

① 쓰이다　　② 써다　　③ 쓰다

낱말의 뜻

'감각'이란 눈, 코, 귀, 혀, 피부를 통하여 바깥의 어떤 자극을 알아차리는 것을 뜻합니다.

'오감'은 눈, 코, 귀, 혀, 피부로 느끼는 다섯 가지 감각을 뜻합니다.

문제 뜻풀이와 관계있는 낱말을 찾아서 선으로 이어 보세요.

1 눈으로 사물을 보는 감각 •   • 후각

2 귀로 소리를 듣는 감각 •   • 촉각

3 물건이 피부에 닿아서 느껴지는 감각 •   • 시각

4 냄새를 맡는 감각 •   • 청각

5 맛을 느끼는 감각 •   • 미각

문제 다음 글을 읽고 물음에 답하세요.

> 씨름은 우리 민족이 오래전부터 제례 행사의 여흥으로 즐겼던 놀이입니다. 특히, 음력 5월 5일 단오가 되면 마을마다 모래사장이나 잔디밭에 수많은 사람들이 모여 힘겨루기 놀이를 보며 즐거워하였습니다. 씨름은 이처럼 민중 오락으로서 서민들의 각별한 사랑을 받았기 때문에 지금까지도 그 생명을 끈질기게 유지하고 있습니다.

1 다음 뜻풀이에 해당하는 낱말을 글에서 찾아 쓰세요.

제사를 지내는 의식.

➡ ....

국가나 사회를 구성하는 일반 국민.

➡ ....

어떤 모임이 끝난 뒤에 흥을 돋우려고 연예나 오락을 함.

➡ ....

문제 다음 글을 읽고 물음에 답하세요.

씨름은 샅바를 어느 쪽 넓적다리에 두르느냐에 따라 왼씨름과 오른씨름으로 구분합니다. 왼씨름은 샅바를 오른쪽 넓적다리에 두르고 왼손으로 상대방의 샅바를 쥐며 오른쪽 어깨를 대고 하는 씨름을 말합니다. 오른씨름은 왼씨름과 반대로 하는 씨름입니다. 왼씨름은 주로 함경, 평안, 황해, 경상, 강원, 충청 지방에서 행하여졌고, 오른씨름은 경기와 전라 지방에서 행하여진 경기 방식이라고 합니다. 하지만, 대한씨름협회에서는 전국적으로 경기 방식을 통일하기 위하여 왼씨름 하나로 경기를 하고 있습니다.

1 왼씨름과 오른씨름을 구분하는 기준은 무엇인가요?

① 씨름 선수의 고향이 어디인가.

② 샅바를 어느 쪽 넓적다리에 두르느냐.

③ 오른쪽 어깨를 상대방의 어느 쪽 어깨에 대느냐.

2 대한씨름협회가 경기 방식을 통일하기 위해 정한 씨름 방식은 무엇인가요?

06 김홍도

김홍도는 조선 시대의 유명한 화가예요. 산수화와 풍속화의 새로운 경지를 개척했다는 평가를 받고 있어요. 김홍도는 도화서에서 일하며 영조와 정조의 어진을 그릴 정도로 실력을 인정받은 화가였어요. 김홍도가 어떤 그림들을 그렸는지 살펴볼까요?

〈 씨름 〉

〈 서당 〉

〈 무동 〉

〈 대장간 〉

4 하나씩 배우며 (2)

01 문장의 성분

(주어) + (서술어) 의 형식에는 다음과 같은 세 가지 형식이 있습니다.

① **무엇이 어찌하다.**　　예) 강아지가 달린다.

② **무엇이 어떠하다.**　　예) 꽃이 예쁘다.

③ **무엇이 무엇이다.**　　예) 이것은 연필이다.

문제 위의 세 가지 형식을 잘 보고, 다음 문장들이 어떤 형식에 해당하는지 형식의 번호를 쓰세요.

1 물이 차갑다. (　　　　　　)

2 나는 개구쟁이다. (　　　　　　)

3 아이가 운다. (　　　　　　)

4 하늘이 흐리다. (　　　　　　)

5 메뚜기는 곤충이다. (　　　　　　)

6 아이들이 뛰어간다. (　　　　　　)

문제 다음 뜻풀이에 해당하는 속담을 고르세요.

1 일이 실패하고 난 뒤에는 후회해도 소용이 없다.

① 금강산도 식후경이다.

② 소 잃고 외양간 고친다.

2 처음에 작게 시작한 나쁜 짓도 반복하면 나중에는 큰 죄를 짓게 된다.

① 소문난 잔치에 먹을 것 없다.

② 바늘 도둑이 소 도둑 된다.

3 말만 잘하면 어려운 일도 해결할 수 있다.

① 뛰는 놈 위에 나는 놈 있다.

② 말 한마디에 천 냥 빚도 갚는다.

4 큰 허물을 가진 사람이 다른 사람의 작은 허물을 탓한다.

① 똥 묻은 개가 겨 묻은 개 나무란다.

② 서당 개 삼 년에 풍월을 읊는다.

03 낱말의 뜻

문제 주어진 낱말의 뜻풀이에 들어갈 알맞은 낱말을 〈보기〉에서 찾아 써 보세요.

1 곱씹다

뜻: 말이나 생각 따위를 곰곰이 (　　　　　　) 하다.

2 몰골

뜻: 볼품없는 (　　　　　　).

3 반박

뜻: 어떤 주장 따위에 (　　　　　　) 하여 말함.

4 재판

뜻: 옳고 그름을 따져 (　　　　　　) 함.

5 소동

뜻: 사람들이 놀라거나 (　　　　　　) 하여 시끄럽게 떠들어대는 일.

되풀이　　흥분　　반대　　모양새　　판단

문제 다음 글을 읽고 물음에 답하세요.

김홍도는 스무 살도 되기 전에 나라에서 운영하는 도화서에서 일하게 되었습니다. 그리고 임금의 초상화인 '어진' 을 그리는 화가로 임명되어 영조와 정조의 초상화를 그리기도 하였습니다.

'집짓기', '대장간', '서당', '씨름' 등 김홍도가 남긴 풍속화는 우리 미술사에 ㉠길이 남을 뛰어난 작품들입니다. 꾸밈없는 그의 그림에는 웃음과 해학이 넘치는 정겨운 모습들이 잘 나타나 있습니다.

1 우리 생활 속의 모습을 꾸밈없이 그린 그림을 무엇이라고 하나요?

① 어진

② 풍속화

③ 미술사

2 ㉠의 뜻으로 바른 것을 고르세요.

① 오랜 세월이 지나도록

② 아주 오랜 옛날

05 교과서 읽기(2)

문제 다음 글을 읽고 물음에 답하세요.

한옥은 우리나라 고유의 건축 방식으로 지은 집을 서양식 건물에 ㉠대비하여 이르는 말입니다. 한옥의 가장 큰 특징은 방에 온돌이 갖추어져 있다는 점입니다. 우리 조상은 집을 지을 때 온돌을 깔아 추운 겨울에 ㉡대비하였습니다.

그리고 또 한 가지의 특징은 집의 재료를 자연에서 구하였다는 점입니다. 기둥이나 서까래처럼 집의 뼈대가 되는 부분과 문은 나무로 만들고, 벽과 바닥은 흙과 짚을 물에 개어 발랐습니다. 그리고 어떤 집은 문과 창문에 한지를 바르고, 바닥과 벽, 천장 역시 한지에 콩기름을 먹여 마무리하였습니다. 거기에 기와, 볏짚, 나뭇조각으로 지붕을 덮었으니 집 전체가 천연의 재료로만 지어진 것입니다.

1 한옥의 특징이 아닌 것을 고르세요.

① 방에 온돌이 갖추어져 있다.

② 집의 뼈대가 되는 부분을 한지로 만들었다.

③ 집의 재료를 자연에서 구했다.

2 ㉠과 ㉡의 뜻풀이로 옳은 것끼리 선으로 이으세요.

㉠ •　　　　　　　• 두 가지의 차이를 밝히기 위해 서로 비교함.

㉡ •　　　　　　　• 앞으로 일어날 일에 대해 미리 준비함.

06 한옥의 구조

한옥은 지방마다 구조가 조금씩 달랐습니다. 따뜻한 남부 지방에서는 바람이 잘 통하도록 넓은 마루를 두고 방을 한 줄로 배열하였습니다. 마루는 방들을 연결하는 통로로 사용되었고, 무더운 여름날에는 시원한 마루에서 주로 생활하였습니다.

추운 북부 지방에서는 집을 낮게 지으면서 방을 두 줄이나 사각형으로 배열하여 집 안의 열기가 밖으로 빠져나가지 않도록 하였습니다. 방과 부엌 사이에 '정주간' 이라고 하는 별도의 방을 만들어 일을 하거나 밥을 먹는 등 여러 용도로 사용하기도 하였습니다.

5 서로 다른 의견 (1)

01 띄어쓰기

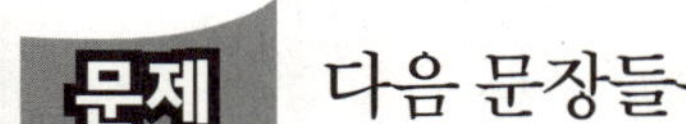
문제 다음 문장들을 바르게 띄어쓰기해서 원고지에 쓰세요.

1 설명하는말을들을때에는듣는목적을생각하며들어야합니다.

2 민철이가야구를하다가옆집창문을깼다.

3 아버지와약수터에도착한시간은7시30분이었다.

사동

주어가 어떤 대상에게 동작이나 행동을 하게 하는 것.
동작이나 행동을 나타내는 말에 '-이-, -히-, -리-, -기-, -우-,
-구-, -추-' 등이 붙는다.

예) 자다 → 재우다, 먹다 → 먹이다

문제 밑줄 친 낱말을 사동 표현으로 바꿔 쓰세요.

1 팽이가 빠르게 돌았다.

　　기철이가 팽이를 빠르게 (　　　　　　　　　　　).

2 아기가 방글방글 웃는다.

　　개그맨이 사람들을 (　　　　　　　　　　).

3 버스가 정류장에 섰다.

　　경찰이 버스를 (　　　　　　　　　).

4 욕조에 물이 가득 찼다.

　　아버지께서 욕조에 물을 가득 (　　　　　　　　　　　).

5 종이가 불에 탄다.

　　명수가 종이를 불에 (　　　　　　　　　).

문제 다음 뜻풀이에 해당하는 낱말을 〈보기〉에서 찾아 써 보세요.

1 나는 유리창을 깬 사람이 내가 아니라는 것을 ( ) 할 수 없었습니다.

➡ 뜻: 어떤 사항이나 판단 따위에 대하여 그것이 진실인지 아닌지 증거를 들어서 밝힘.

2 철수의 얼굴에는 숙제를 하기 싫다는 마음이 ( ) 드러났습니다.

➡ 뜻: 있는 그대로 다 드러내어 숨김이 없다.

3 나는 동철이가 약속을 어긴 일을 도저히 ( ) 할 수 없었습니다.

➡ 뜻: 다른 사람의 말이나 행동, 형편 따위를 잘 알아서 긍정하고 이해함.

납득 증명 적나라하게

문제 다음 글을 읽고 물음에 답하세요.

지난봄, 우리 학교는 체육관 건립에 대한 설문 조사를 하였다. 전체 학생의 87퍼센트가 체육관 건립을 찬성하였다고 한다.

하지만, 나는 체육관 건립을 반대하였다. 체육관을 짓게 되면 운동장이 좁아지기 때문이다.

내가 가장 좋아하는 운동은 축구이다. 축구는 넓은 운동장에서 하는 것이 제격이다. 그런데 체육관이 세워지면 축구 ㉠ 골때도 이동하게 될 것이고, 예전보다 더 좁아진 운동장에서 축구를 해야 한다. 게다가 공사를 ㉡ 맞칠 때까지 운동장을 사용할 수 없다고 하니 운동장만 보면 기운이 빠진다.

1 '나' 가 체육관 건립을 반대한 까닭이 아닌 것을 고르세요.

① 좁아진 운동장에서 축구를 해야 해서.

② 공사 때문에 운동장을 사용할 수 없어서.

② 체육관 건립에 대한 설문 조사를 하지 않아서.

2 ㉠과 ㉡을 바르게 고쳐 쓰세요.

㉠ 골때 ➡   ㉡ 맞칠 ➡

교과서 읽기 (2)

문제 다음 글을 읽고 물음에 답하세요.

조선 시대의 학자인 정약용은 책을 꼼꼼히 읽기로 유명하였습니다. 정약용은 책을 읽기 전에 항상 책을 읽는 목적을 정하였습니다. 또, 중요한 내용은 따로 정리하는 습관을 가졌습니다. 그는 독서야말로 사람이 하는 일 가운데 가장 깨끗한 일이라고 할 정도로 독서를 사랑하였습니다.

이렇게 철저하게 독서를 한 덕분에, 정약용은 스스로 오백여 권의 책을 써서 후세에 남겼습니다.

1 정약용의 독서 방법과 관계가 없는 것을 고르세요.

① 책을 읽기 전에 읽는 목적을 정했다.

② 중요한 내용은 따로 정리했다.

③ 깨끗한 장소에서만 책을 읽었다.

2 다음 뜻풀이를 보고, 뜻풀이에 해당하는 낱말을 글에서 찾아 쓰세요.

다음에 오는 세상 또는 다음 세대의 사람들.

훈민정음이 처음 만들어졌을 때는 지금 우리가 쓰는 한글과는 글자의 모양이나 소리가 많이 달랐어요. 지금은 사라진 모음이나 자음을 사용하기도 했고, 한자를 섞어서 쓰기도 했어요.

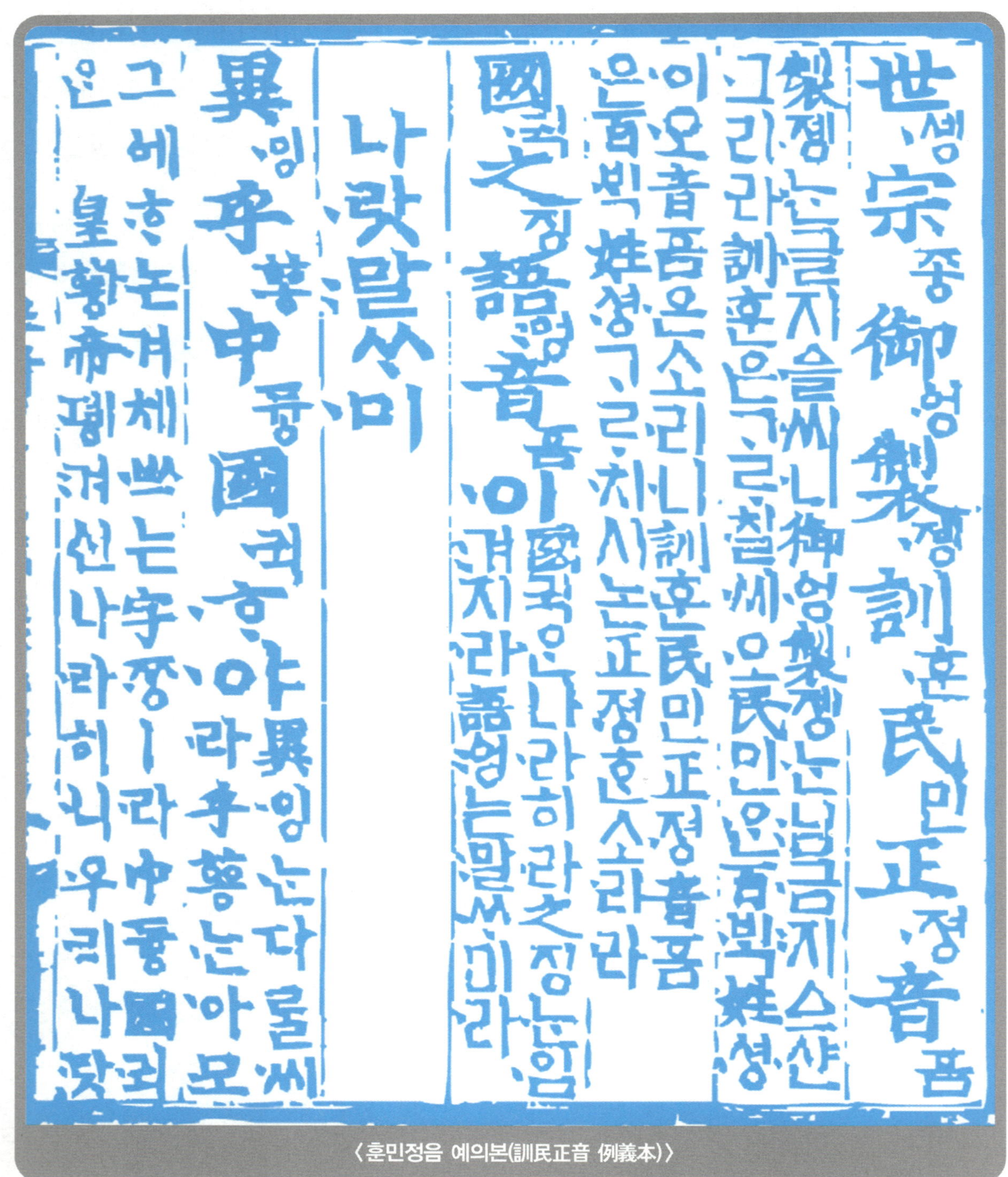

〈 훈민정음 예의본(訓民正音 例義本) 〉

01 '배다'와 '베다'

문제 〈보기〉에 있는 낱말의 뜻을 잘 보고, 문장에 어울리는 말에 ○표 하세요.

보기

배다 : 1. 스며들거나 스며 나오다.
2. 버릇이 돼서 익숙해지다.
3. 냄새가 스며들어 오래도록 남아 있다.

베다 : 1. 날이 있는 연장 등으로 무엇을 끊거나 가르다.
2. 날이 있는 물건으로 상처를 내다.

예) 옷에 땀이 <u>배었습니다.</u> / 칼로 종이를 <u>베었습니다.</u>

1 낫으로 풀을 (밸 / 벨) 때는 조심해야 한다.

2 나도 모르게 웃음이 (배어 / 베어) 나왔습니다.

3 음식 냄새가 머리카락에 (배었습니다 / 베었습니다).

4 나무꾼은 나무를 (배러 / 베러) 산으로 갔습니다.

사동 표현

사동

주어가 어떤 대상에게 동작이나 행동을 하게 하는 것.

동작이나 행동을 나타내는 말에 '-이-, -히-, -리-, -기-, -우-, -구-, -추-' 등이 붙는다.

예) 자다 → 재우다, 먹다 → 먹이다

문제 밑줄 친 낱말을 사동 표현으로 바꿔 쓰세요.

1 주전자에 든 물이 보글보글 <u>끓는다.</u>

영이가 주전자에 물을 (   ).

2 얼음이 조금씩 <u>녹았다.</u>

재영이가 얼음을 (   ).

3 빨래가 햇볕에 <u>마르고</u> 있다.

희주가 빨래를 햇볕에 (   ) 있다.

4 풍선이 크게 <u>부풀었다.</u>

아이들이 풍선을 크게 (   ).

5 상자 안이 <u>비었다.</u>

동생이 상자 안을 (   ).

문제 〈보기〉의 뜻풀이를 잘 보고, 빈칸에 알맞은 낱말을 넣으세요.

음모 : 나쁜 목적으로 몰래 흉악한 일을 꾸밈.

공정 : 공평하고 올바름.

박탈 : 남의 재물이나 권리, 자격 따위를 빼앗음.

정체 : 사물이 발전하거나 나아가지 못하고 한자리에 머무름.

궁리 : 마음속으로 이리저리 따져 깊이 생각함.

1 아무리 (　　　　　　) 를 해봐도 뾰족한 방법이 떠오르지 않는다.

2 내 뒤를 따라오던 것의 (　　　　　　) 는 나의 그림자였다.

3 범죄를 저지르려고 (　　　　　　) 를 꾸미던 일당들이 경찰에 잡혔다.

4 운동 경기의 심판은 (　　　　　　) 한 마음을 가져야 한다.

5 못된 짓을 일삼던 탐관오리들은 관직을 (　　　　　　) 당하고 쫓겨났다.

문제 다음 글을 읽고 물음에 답하세요.

> 어제 만강에 댐을 건설할 수 있는지 알아보기 위하여 도청 아저씨들께서 우리 마을을 방문하셨습니다. 아저씨들께서는 지난해 비가 많이 와서 만강 하류에 있는 도시에 물난리가 났다고 말씀하셨습니다. 홍수를 막으려면 우리 마을에 댐을 건설하여야 한다고 합니다.
>
> 하지만, 저는 댐을 건설하는 것에 반대합니다. 우리 상수리에 댐을 건설하면 숲에 사는 동물들과 새들은 살 곳을 잃고, 만강의 물고기들도 다시는 볼 수 없게 될 것입니다. 또, 마을 어른들께서는 평생 살아온 고향을 떠나야 한다고 말씀하십니다. 우리 마을에 댐을 건설하기로 한 계획을 취소하여 주시기 바랍니다.

1 '나'가 댐을 건설하는 것에 반대하는 까닭이 아닌 것을 고르세요.

① 숲에 사는 동물들이 살 곳을 잃기 때문에.

② 만강 하류에 있는 도시에 물난리가 나기 때문에.

③ 마을 어른들께서 고향을 떠나셔야 해서.

문제 다음 글을 읽고 물음에 답하세요.

(가) 우리 집도 잠자는 시간을 늦추었으면 좋겠다. 일찍 자는 것보다 하던 일을 다 마치고 자는 것이 중요하기 때문이다.

우리 속담에 "㉠________"라는 말이 있다. 무슨 일이든지 중간에 그만두면 차라리 하지 않는 것만 못하다는 뜻이다. 늦더라도 하던 일을 다 끝내고 나면 성취감을 느낄 수 있고, 편안한 마음으로 잠들 수 있다.

(나) 그제야 나는 불조심에 대한 그리기 숙제를 하지 않은 것이 생각났다. 하지만, 다른 숙제를 마치고 나니 열 시가 다 되었다.

"어머니, 그리기 숙제는 내일 아침에 일어나서 할게요. 지금은 졸려요."

"소희야, "㉡________"라는 말이 있단다. 어려서부터 오늘 할 일을 내일로 미루는 습관을 들이면 어른이 되어서도 일을 미루게 된단다."

1 ㉠과 ㉡에 들어갈 속담끼리 선으로 이으세요.

㉠ •　　　　• 세 살 적 버릇 여든까지 간다.

㉡ •　　　　• 가다 말면 아니 가느니만 못하다.

문제 가로 열쇠와 세로 열쇠를 잘 읽고, 답을 빈칸에 써 보세요.

가로 열쇠

① 이순신 장군이 왜군을 무찌르기 위해 만든 배.

③ '생일' 의 높임말.

⑤ 백 번 읽고, 백 번 쓴다.

세로 열쇠

① 정약용이 발명한, 무거운 물건을 들어 올릴 때 쓰는 기계.

② 학교에서 학생들을 가르치시는 ○○○.

④ 예습과 뜻이 반대되는 말.

01 문장의 성분

문장을 구성하면서 일정한 역할을 하는 '주어', '서술어', '목적어' 등을
'문장성분' 이라고 합니다.

문제 다음 문장의 빈칸에 알맞은 문장 성분을 넣어 보세요.

1 기철이가 (   ) 던집니다.

2 동생이 컴퓨터를 (   ).

3 기철이가 공책을 (   ).

4 (   ) 그림을 그렸습니다.

문제 다음 문장 형식에 맞는 문장을 써 보세요.

5 무엇이 어찌하다   ➡   (   )

6 무엇이 어떠하다   ➡   (   )

7 무엇이 무엇이다   ➡   (   )

 밑줄 친 부분이 어떤 뜻으로 쓰였는지 골라 보세요.

1 오랜만에 만난 수진이는 **얼굴이 반쪽이 되어** 있었다.

① 부끄럽거나 창피하여 남을 대하기 어렵다.

② 병이나 고통 따위로 얼굴이 몹시 마르고 야위다.

2 나는 **입이 무거우니까** 걱정하지 말고 얘기해.

① 미리 짜고 말의 내용을 맞추어 두다.

② 말수가 적거나 아는 얘기를 함부로 옮기지 않다.

3 그런 일을 당하고도 웃고 있는 것을 보니 넌 참 **얼굴이 두껍구나.**

① 부끄러움을 모르다.

② 지난 일을 잊어버리다.

4 사람들은 그 마을에 **발을 끊었다.**

① 오가지 않거나 관계를 끊다.

② 어떤 단체에 들어가거나 참여하다.

문제 다음 글에서 밑줄 친 부분과 바꿔 쓸 수 있는 낱말을 고르세요.

1 <u>자기가 몸소 겪은</u> 일은 절대 잊어버리지 않습니다.

① 체험한   ② 구경한

2 세종대왕은 <u>어질고 슬기로운</u> 왕이었습니다.

① 대범한   ② 현명한

3 <u>전에 없던 것을 처음으로 만드는 일</u>은 매우 어렵지만 그만큼 가치 있는 일입니다.

① 모방   ② 창조

4 그 나라는 <u>재앙으로 인한 피해</u> 때문에 많은 사람들이 다쳤습니다.

① 재해   ② 손해

5 영이는 <u>아무것도 모르는 척 쌀쌀맞게 시치미를 떼는</u> 표정을 하고 있었습니다.

① 시무룩한   ② 새침한

문제   다음 글을 읽고 물음에 답하세요.

> ㉠우리 모둠에서는 빨리 문제를 ㉡해결하는 게 중요하다고 여겨 다음과 같은 해결 방법을 생각해 보았습니다.
>
> 무엇보다 부모님께서 왜 잔소리를 하시는지 생각하여 보아야 합니다. 부모님의 잔소리가 듣기 싫다고만 하지 말고, 무엇 ㉢땜에 잔소리를 하시는지 스스로 자기의 생활을 반성하여야 합니다.
>
> ㉣근데 잔소리가 꼭 나쁘기만 한 ㉤건 아닙니다. 싫다고만 생각하지 말고 부모님과 대화를 나누어 봅시다.

1 ㉠~㉤은 대화하는 느낌의 표현입니다. 여러 사람에게 발표하는 듯한 느낌으로 바꿔 쓰세요.

㉠ 우리 ➡ ....

㉡ 해결하는 게 ➡ ....

㉢ 땜에 ➡ ....

㉣ 근데 ➡ ....

㉤ 건 ➡ ....

고인돌은 무게가 수십 톤이 넘는 거대한 돌무덤입니다. 족장이나 지배자의 무덤으로 알려져 있는 고인돌은 큰 돌을 받치고 있는 '괸돌' 또는 '고임돌'에서 그 이름이 유래하였습니다. 고인돌은 우리나라뿐만 아니라 유럽과 북아프리카의 여러 나라, 인도, 중국, 일본 등에서도 볼 수 있는 유적으로, 고인돌을 부르는 이름도 여러 가지입니다.

거대하고 웅장한 고인돌을 세우려면 몇백 명이 힘을 합쳐야 합니다. 옛사람들에게는 무척 힘든 일이었을 것입니다. 그런데 이렇게 큰 돌을 옮겨 무덤을 만든 까닭은 무엇일까요?

2 고인돌에 대한 설명으로 바르지 않은 것을 고르세요.

① 고인돌은 거대한 돌무덤이다.

② '괸돌' 또는 '고임돌'에서 이름이 유래하였다.

③ 우리나라에서만 볼 수 있는 무덤이다.

3 윗글 다음에 이어질 내용으로 가장 적절한 것을 고르세요.

① 옛사람들이 큰 돌을 옮겨서 무덤을 만든 까닭.

② 고인돌의 여러 가지 이름.

③ 옛사람들이 고인돌을 만든 방법.

06 고인돌

　　고인돌은 무게가 수십 톤이 넘는 거대한 돌무덤입니다. 족장이나 지배자의 무덤으로 알려져 있는 고인돌은 큰 돌을 받치고 있는 '굄돌' 도는 '고임돌' 에서 그 이름이 유래하였습니다. 고인돌은 우리나라뿐만 아니라 유럽과 북아프리카의 여러 나라, 인도, 중국, 일본 등에서도 볼 수 있는 유적으로, 고인돌을 부르는 이름도 여러 가지입니다.

　　우리나라의 고인돌은 땅 위에 네 면을 널판처럼 생긴 돌로 막아 묘실을 설치한 뒤 그 위에 상석을 올린 형식과, 땅 속에 묘실을 만들어 그 위에 상석을 놓고 돌을 괴는 형식으로 나눌 수 있습니다. 전자는 우리나라 중부 이북 지방에 많고, 후자는 중부 이남 지방에서 많이 볼 수 있어서 이들을 각각 북방식 고인돌과 남방식 고인돌이라고도 부릅니다.

북방식 고인돌

남방식 고인돌

01 바르게 고쳐 쓰기

문제 다음 문장에서 밑줄 친 부분을 바르게 고쳐 쓰세요.

1 학교 운동장은 노는 아이들로 <u>법썩거렸다.</u>

➡ ....

2 영아는 숙제를 안 한 것 때문에 <u>은근이</u> 걱정이 되었다.

➡ ....

3 날아오는 야구공에 <u>뒷통수</u>를 맞았다.

➡ ....

4 <u>어떨결</u>에 대답을 하고 말았다.

➡ ....

5 여기가 모든 길이 <u>엊갈리는</u> 곳이다.

➡ ....

6 어머니, <u>설겆이</u>는 제가 할게요.

➡ ....

문제 바르게 쓴 낱말에 ○ 표 하세요..

1 내 동생은 (장난끼 / 장난기) 가 많다.

2 그 아저씨는 평생을 남에게 (베풀면서 / 배풀면서) 사셨어.

3 그 나라는 이웃나라에게 (지배 / 지베) 를 당하고 있었습니다.

4 모자를 벗는 순간에야 (비로서 / 비로소) 그 사람의 얼굴을 알아볼 수 있었다.

5 누나는 (위층 / 윗층) 에서 공부하고 있어요.

6 문화재가 (훼손 / 홰손) 되는 것을 막아야 합니다.

7 그 장난감은 내가 (각별이 / 각별히) 아끼는 것이다.

문제 빈칸에 들어갈 알맞은 낱말을 〈보기〉에서 골라 써 보세요.

1 웃어른을 **공경**하는 마음을 가져야 합니다.

➡ 공경 : (　　　　　) 하게 받들어 모심.

2 호랑이는 어린 사슴을 **호시탐탐** 노리고 있었습니다.

➡ 호시탐탐 : 남의 것을 빼앗기 위하여 가만히 (　　　　　) 를 엿봄.

3 화재경보기가 울리면 침착하게 **비상구** 쪽으로 가야 합니다.

➡ 비상구 : 화재나 지진 따위의 갑작스러운 사고가 일어날 때에 급히 (　　　　　) 할 수 있도록 마련한 출입구.

4 이번 연극에서 나는 토끼로 **변장**을 해야 합니다.

➡ 변장 : (　　　　　) 의 모습을 알아볼 수 없게 하기 위하여 옷차림이나 얼굴, 머리 모양 따위를 다르게 바꿈.

| 본래 | 대피 | 공손 | 기회 |

문제 다음 글을 읽고 물음에 답하세요.

무거운 돌로 거대한 무덤을 만든 가장 큰 까닭은 무덤에 묻힌 지배자의 권력을 강조하기 위해서입니다. 고인돌의 규모가 클수록 그곳에 묻힌 지배자의 권력이 강하다는 것을 나타냅니다. 권력을 가진 족장의 ㉠ 후게자는 죽은 족장의 무덤을 거대하게 만들어, 부족 사람들에게 조상을 숭배하는 전통을 자연스럽게 알림으로써 자신의 힘을 과시하기도 하였습니다. 고인돌의 ㉡ 역활은 그뿐만이 아니었습니다. 고인돌은 이웃 마을과의 ㉢ 경개를 표시하고, 마을의 힘을 드러내기도 하였습니다. 고인돌을 만들기 위해서는 적어도 수십 명에서 수백 명의 사람이 고인돌에 쓰일 돌을 옮겨 와야 합니다. 그래서 고인돌이 크다는 것은 그 부족의 인구가 많다는 것을 뜻하고, 그만큼 부족의 힘이 강하다는 것을 나타냅니다.

1 '고인돌이 크다' 는 것이 뜻하는 것이 아닌 것을 고르세요.

① 지배자의 권력이 강하다.

② 부족의 인구가 많다.

③ 부족의 힘이 약하다.

2 ㉠, ㉡, ㉢을 바르게 고쳐 쓰세요.

㉠ 후게자 ➡ ....   ㉡ 역활 ➡ ....

㉢ 경개 ➡ ....

문제 다음 글을 읽고 물음에 답하세요.

> 이반은 중얼거리며 흙 속에 손을 쑥 집어넣었다가 말랑말랑한 ㉠뭔가를 붙잡았다. 꺼내 보니 작고 까만 도깨비였다. 깜짝 놀란 이반이 힘껏 던져 버리려고 하자 도깨비가 애원하였다.
>
> "잠깐만요, 제발 살려 주세요. 무슨 소원이든 다 ㉡들어줄게요."
>
> "그래? 난 지금 배가 몹시 ㉢편찮은데……."

3 ㉠~㉢은 높임법에 맞지 않거나 글에 어울리지 않는 표현입니다. 적절한 표현으로 바꿔 쓰세요.

㉠ 뭔가를 ➡ (글에 어울리게) ➡ (   )

㉡ 들어줄게요 ➡ (높임법에 맞게) ➡ (   )

㉢ 편찮은데 ➡ (높임법에 맞게) ➡ (   )

 가로 열쇠와 세로 열쇠를 잘 읽고, 답을 빈칸에 써 보세요.

가로 열쇠

② 세계 최대 규모의 컴퓨터 통신망.

③ 곡식을 가루로 만들 때 쓰는 농기구. 원기둥 모양의 두 개의 돌을 포개어 만들었다.

④ 삶은 팥을 으깨고 설탕을 넣어 달게 만든 음식.

세로 열쇠

① 무게가 수십 톤이 넘는 거대한 돌무덤.

③ 매를 견디어 내는 힘이나 정도. 그는 ○○이 좋다.

⑤ 콩쥐의 동생.

9 정보를 모아 (1)

01 '맞추다'와 '마치다'

문제 〈보기〉에 있는 낱말의 뜻을 잘 보고, 문장에 어울리는 말에 ○표 하세요.

보기

맞추다 : 1. 떨어져 있는 부분을 제자리에 맞게 붙이다.
2. 둘 이상의 대상을 나란히 놓고 비교하여 살피다.

마치다 : 어떤 일이나 과정 등이 끝나다.

예) 깨진 조각들을 잘 맞추어 붙였습니다.
숙제를 마치고 친구들과 놀러 갔습니다.

1 나는 시험지를 정답과 (맞춰 / 마쳐) 보았습니다.

2 이 부품을 무엇과 (맞춰야 / 마쳐야) 하는지 모르겠어요.

3 우리 형은 대학을 (맞추고 / 마치고) 취직을 했습니다.

4 내가 말을 다 (맞추지 / 마치지) 않았는데 전화가 끊겨버렸습니다.

낱말의 기본형

문제 밑줄 친 낱말의 뜻을 국어사전에서 찾으려고 합니다. 국어사전에 나와 있는 기본형을 고르세요.

1

언제 집으로 <u>갈</u> 거야?

어제 도서관에 책을 빌리러 <u>갔어</u>.

시장에 <u>가서</u> 배추 한 포기를 사다주겠니?

① 가다 ② 갈다 ③ 갔다

2

그 통에 물을 가득 <u>부어라</u>.

가마솥에 물을 <u>붓고</u> 팔팔 끓였다.

국에 물을 더 <u>부으니</u> 맛이 싱거웠다.

① 부으다 ② 붓다 ③ 부다

3

책상 옮기는 일을 좀 <u>도와</u>줘.

나도 <u>돕고</u> 싶지만 지금 학원에 가야 해.

그는 어려운 사람들을 <u>도우며</u> 살았다.

① 돕다 ② 도우다 ③ 돕우다

 낱말의 뜻풀이를 잘 보고, 빈칸에 들어갈 알맞은 낱말을 써 보세요.

> **고려(하다)** : 생각하고 헤아려 보다.
>
> **고민(하다)** : 마음속으로 괴로워하고 애를 태우다.

1 어린이 캠프에 참가한 철민이는 (　　　　　　　　) 이 생겼습니다. 점점 추워지는 날씨를 (　　　　　　　　) 하지 않고 얇은 옷만 가져온 것입니다. 그래서 철민이는 같은 조에 있는 친구에게 옷을 빌려 입기로 했습니다.

> **연구** : 어떤 일이나 사물에 대하여 깊이 있게 조사하고 생각하여 진리를 따져 보는 일.
>
> **관찰** : 사물이나 현상을 주의하여 자세히 살펴봄.

2 과학자는 항상 주위에 있는 사물을 (　　　　　　　　) 해야 합니다. 그래야만 다른 사람이 발견하지 못한 현상을 찾을 수 있기 때문입니다. 과학자는 흥미 있는 현상을 발견하면 여러 가지 방법을 통해서 그 현상을 (　　　　　　　　) 합니다.

문제 다음 글을 읽고 물음에 답하세요.

초등학교 시절은 성장에 매우 중요한 시기이다. 키가 크는 데 영향을 주는 요인은 유전 이외에도 다양한데, 크게 네 가지를 들 수 있다. 균형 있는 영양 섭취와 규칙적인 운동, 충분한 잠, 긍정적인 생각이다.

키가 크려면 균형 있는 영양 섭취가 필요하다. 특히, 단백질과 칼슘은 키가 크는 데 직접적으로 영향을 준다고 알려져 있다. 단백질과 칼슘뿐만 아니라 여러 가지 음식을 골고루 먹는 것이 좋다.

1 키가 크는 데 영향을 주는 요인이 아닌 것을 고르세요.

① 균형 있는 영양 섭취

② 규칙적인 운동

③ 충분한 생각

2 키가 크는 데 직접적으로 영향을 주는 두 가지를 글에서 찾아 쓰세요.

➡

문제 다음 글을 읽고 물음에 답하세요.

규칙적인 운동도 키가 크는 데 도움이 된다. 운동은 성장판에 적당한 자극을 주며 뇌의 성장 호르몬 분비를 촉진한다. 특히, 줄넘기나 농구 등 위아래로 많이 움직이는 운동을 꾸준히 하면 좋다.

키가 크려면 충분한 잠도 중요하다. 잠은 키가 크는 보약으로 알려져 있다. 성장 호르몬은 깨어 있을 때보다 깊이 잠들었을 때 많이 분비되므로, 하루에 7~8시간 정도의 깊은 잠을 자는 것이 좋다.

긍정적인 생각을 하는 것도 키 성장을 돕는다. 건전하고 긍정적인 생각은 긴장을 풀어 주며 편안하고 행복한 마음이 들게 한다. 이러한 긍정적인 생각은 성장 호르몬의 분비를 증가시켜 키를 크게 하지만, 부정적인 생각은 성장 호르몬의 분비를 억제하여 성장을 방해한다.

1 윗글을 읽고, 빈칸에 들어갈 낱말을 쓰세요.

규칙적인 운동, 충분한 잠, 긍정적인 생각은 성장 (   )
분비를 (   ) 시켜 키 성장을 돕는다.

2 다음 중 키 성장을 방해하는 것을 고르세요..

① 줄넘기　　　　② 부정적인 생각　　　　③ 7~8시간 정도의 깊은 잠

06 옛날 사람들은 어떤 배를 탔을까?

〈거북선〉　고려 말~조선 초에 왜적을 물리치기 위해 만들어진 배예요. 임진왜란 직전에 이순신 장군이 거북선을 만들어 왜군에게 큰 피해를 입혔어요. 세계 최초의 돌격용 철갑전선(鐵甲戰船)으로 평가되기도 해요.

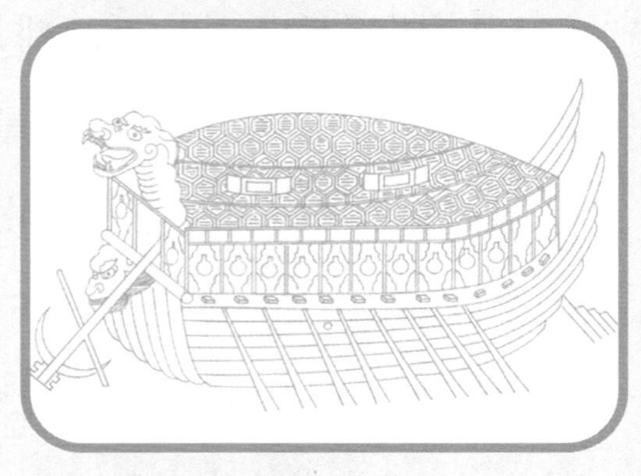

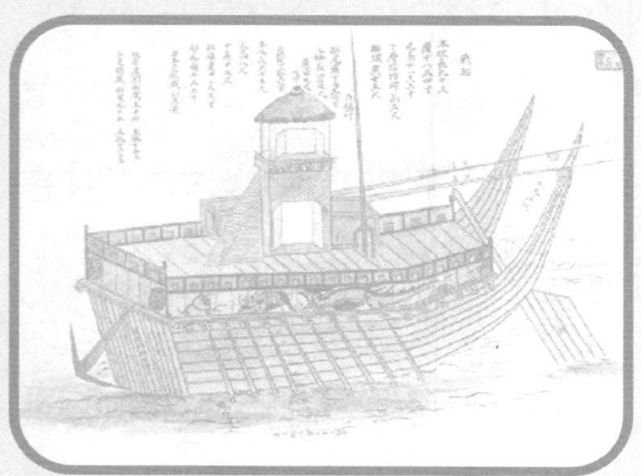

〈판옥선〉　명종(明宗) 때를 전후해서 왜적들이 더 강력한 배로 침략해오기 시작했어요. 왜선의 규모는 커지고 화포를 강화해서 왜적을 물리치기가 점점 어려워졌어요. 판옥선은 이러한 왜선을 무찌르기 위해 1555년에 만든 배예요.

〈조운선〉　나라에 조세로 바치는 곡식을 운반하는 데 사용했던 배예요.

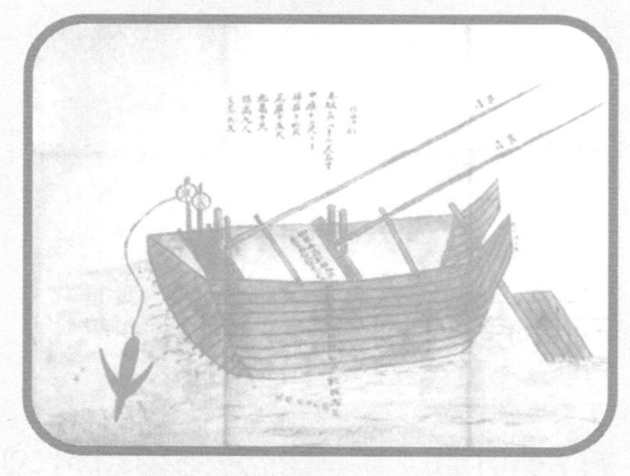

01 바르게 고쳐 쓰기

문제 다음 문장에서 밑줄 친 부분을 바르게 고쳐 쓰세요.

1 수업이 끝난 후 우리는 **뿔뿔히** 흩어졌다.

➡

2 **호루루기** 소리가 들리자 모두가 뛰쳐나갔다.

➡

3 내 공책이 **온대간대없이** 사라졌다.

➡

4 시험 전날이 되자 공부를 안 한 것이 **후홰**가 되었다.

➡

5 나는 배가 고파서 밥을 **싫컷** 먹었다.

➡

6 열심히 걸어서 결국 **산봉오리**에 도착했다.

➡

 **문제** 〈보기〉에 있는 낱말의 뜻을 잘 보고, 문장에 어울리는 말에 O표 하세요.

> **보기**
>
> **버리다** : 1.가지고 있던 물건을 내던지다.
> 　　　　 2.못된 성격이나 버릇을 없애다.
>
> **벌리다** : 둘 사이를 넓히거나 멀게 하다.
>
> **벌이다** : 일을 계획하여 시작하다.
>
> 예) 쓰레기는 쓰레기통에 <u>버리세요</u>.
> 　　입을 크게 <u>벌리고</u> 하품을 했습니다.
> 　　옆집에서 잔치를 <u>벌였습니다</u>.

1 이 일을 (버린 / 벌린 / 벌인) 사람이 책임을 져야 합니다.

2 다리를 (버리고 / 벌리고 / 벌이고) 앉으면 안 된다.

3 너는 낭비하는 습관을 (버려야 / 벌려야 / 벌여야) 돼.

문제 다음 뜻풀이에 해당하는 낱말을 〈보기〉에서 찾아 빈칸에 써 보세요.

1 시험 답안지를 내기 전에 실수한 곳이 없는지 꼭 (   )을 해야 합니다.

➡ 뜻: 낱낱이 검사함.

2 우리 동네 도서관은 내년에 (   ) 될 것입니다.

➡ 뜻: 집이나 성, 다리 따위의 구조물을 그 목적에 따라 설계하여 흙이나 나무, 돌, 벽돌, 쇠 따위를 써서 세우거나 쌓아 만드는 일.

3 (   )은 창조의 어머니라는 말이 있습니다.

➡ 뜻: 다른 것을 본뜨거나 본받음.

4 나쁜 세균에 (   ) 되지 않으려면 손을 자주 씻어야 합니다.

➡ 뜻: 미생물이나 세균 따위가 동식물의 몸 안에 들어가 증식하는 일.

건축   모방   감염   점검

문제 다음 글을 읽고 물음에 답하세요.

옛날에는 풍년이 들면 너나없이 좋아하였어요. 그러나 이제는 어떻게 된 노릇인지 풍년이 들어도 걱정을 해야 하는 세상이 되었다며 아저씨들이 혀를 끌끌 찼어요.

농부 아저씨들이 걱정을 하는 까닭은 바로 가격 때문이에요. 작년에도 풍년이 들었지만 기쁨은 잠시뿐이었어요. 풍년이 들어 쌀 생산량이 많아지자 쌀값이 형편없이 떨어졌어요. 쌀은 많이 수확하였는데 사람들이 쌀을 사는 양은 다른 때와 비슷하였어요. 그러니까 쌀값이 떨어질 수밖에 없었던 것이지요.

1 농부 아저씨들이 풍년이 들어도 걱정을 한 까닭은 무엇인가요?

① 풍년이 들면 쌀값이 떨어지니까.

② 풍년이 들면 쌀값이 올라가니까.

③ 풍년이 들면 쌀값이 그대로이니까.

2 다음 중 쌀값이 오르는 때는 언제인가요?

	쌀 생산량	사람들이 쌀을 사는 양
①	많다.	적다.
②	적다.	많다.
③	많다.	다른 때와 비슷하다.

문제 다음 글을 읽고 물음에 답하세요.

> 장보고의 명령이 떨어지자 노를 젓던 선원들이 순식간에 군사로 변하였다. 아주 잘 훈련된 군사들이었다. 해적들은 군사들에게 칼과 화살을 맞고 하나둘 바다로 떨어졌다. 장보고는 단 한 명의 해적도 남기지 않고 모조리 바다로 던져 버렸다.
>
> 해적선 하나가 완전히 물속으로 가라앉고 단 한 명의 해적도 남지 않았다는 소문은 금세 퍼졌다. 이제는 해적들도 단단히 준비를 하고 덤벼 왔다. 그러나 오합지졸인 해적들이 ⊙ 전쟁에서 잔뼈가 굵은 장보고를 당하여 낼 수 없었다.

3 ⊙의 뜻으로 바른 것을 고르세요.

① 전쟁을 처음 해보는

② 전쟁을 좋아하는

③ 전쟁의 경험이 많은

문제 다음 속담 중에서 하나를 골라서 속담의 뜻과 관계있는 이야기를 만들어 네 컷 만화로 그려 보세요.

✎ **도둑이 제 발 저리다.**

뜻풀이 : 지은 죄가 있어서 마음이 조마조마하다.

✎ **아니 땐 굴뚝에 연기 날까.**

뜻풀이 : 모든 결과에는 원인이 있다.

11 여러 가지 의견 (1)

01 외래어 바르게 쓰기

문제 다음 중 올바르게 쓰인 외래어에 ○표 하세요.

1 넥타이 (　　　)

　 넥타이 (　　　)

2 카매라 (　　　)

　 카메라 (　　　)

3 라디오 (　　　)

　 래디오 (　　　)

4 테레비전 (　　　)

　 텔레비전 (　　　)

5 케이크 (　　　)

　 케익 (　　　)

6 초콜렛 (　　　)

　 초콜릿 (　　　)

7 소시지 (　　　)

　 소세지 (　　　)

8 밧데리 (　　　)

　 배터리 (　　　)

9 서비스 (　　　)

　 써비스 (　　　)

10 테입 (　　　)

　 테이프 (　　　)

02 '다리다'와 '달이다'

문제 〈보기〉에 있는 낱말의 뜻을 잘 보고, 문장에 어울리는 말에 O표 하세요.

> **보기**
>
> **다리다** : 옷이나 천 등의 주름을 펴기 위해 다리미로 문지르다.
>
> **달이다** : 1.액체를 끓여서 진하게 만들다.
> 　　　　　2.약제 따위에 물을 부어 우러나도록 끓이다.
>
> 예) 다리지 않은 옷에는 주름이 많습니다.
> 　　어머니께서 간장을 달이고 계셨습니다.

1 부엌에서 한약을 (다리는 / 달이는) 냄새가 났습니다.

2 방금 (다린 / 달인) 녹차라서 따뜻하다.

3 다리미로 옷을 (다릴 / 달일) 때는 데지 않도록 조심해야 한다.

4 세탁소 아저씨께서 바지를 (다리고 / 달이고) 계셨습니다.

문제 밑줄 친 낱말이 나머지 세 개와 다른 뜻으로 쓰인 것을 찾으세요.

1 장(場) : 어떤 일이 행하여지는 곳

① 운동장　　② 공사장　　③ 사격장　　④ 일기장

2 소(所) : 장소 또는 기관

① 훈련소　　② 연구소　　③ 흑염소　　④ 사무소

3 금(金) : 돈

① 예금　　② 벌금　　③ 지금　　④ 축의금

4 기(機) : 어떤 기능을 하는 기계 장비

① 태극기　　② 복사기　　③ 경운기　　④ 비행기

5 서(書) : 책

① 교과서　　② 독서　　③ 서재　　④ 경찰서

문제 다음 글을 읽고 물음에 답하세요.

뉴스 : 어린이가 먹던 과자에서 고무 조각이 나왔습니다.

(가) 과자를 위생적으로 만들어 주세요. 과자에서 고무 조각이 나왔다는 뉴스를 보고 깜짝 놀랐어요. 과자를 만드는 곳의 위생을 철저하게 관리하면 그런 것이 들어가지 않을 거예요.

(나) 다양한 종류의 과자를 만들어 주세요. 우리는 과자를 좋아해요. 하지만, 과자의 종류가 다양하지 않아 늘 비슷한 과자만 먹어요.

(다) 과자를 기계가 아니라 손으로 직접 만들어 주세요. 과자에서 고무 조각이 나왔다는 것은 과자를 기계로 만들었기 때문이에요. 기계가 아니라 손으로 직접 만들면 고무 조각이 과자에 들어가지 않겠지요?

1 뉴스에서 말하고 있는 문제 상황에 맞지 않는 의견은 어느 것인가요?

① (가)

② (나)

③ (다)

2 뉴스에서 말하고 있는 문제 상황에는 맞지만 실천하기 어려운 의견은 어느 것인가요?

① (가)

② (나)

③ (다)

문제 다음 글을 읽고 물음에 답하세요.

> 나는 우리 반 반장이 되었어요. 반장 선거에서 나는 친구들에게 어려운 일이 생기면 가장 먼저 달려가고, 벌도 대신 받아 줄 수 있다고 약속하였어요.
>
> 반장은 생각보다 훨씬 멋진 일이네요. 청소 당번은 청소가 끝나면 내게 검사를 받았고, 이번 주 토요일에는 생일 초대도 받았어요.
>
> 하지만, 나는 ㉠ 반장에게 책임이 따른다는 것도 배웠어요. 친구들이 교실에서 규칙을 지키도록 하는 것은 어려웠어요.

3 ㉠에서 '반장의 책임' 은 무엇인가요?

① 친구들의 벌을 대신 받아 주는 것.

② 친구들이 교실에서 규칙을 지키도록 하는 것.

③ 친구들의 생일 초대를 받는 것.

문제 다음 속담의 빈칸에 들어갈 동물의 이름을 써 보세요.

1 ( ) 날자 배 떨어진다.

뜻: 아무 관계없이 한 일이 다른 일과 때가 같아서 관계가 있는 것으로 의심을 받는다.

2 낮말은 ( )가 듣고 밤말은 ( )가 듣는다.

뜻: 듣는 사람이 없어도 항상 말을 조심해야 한다.

3 ( ) 싸움에 ( ) 등 터진다.

뜻: 강한 것들이 싸우는 사이에 약자가 끼어 손해를 입는다.

4 똥 묻은 ( )가 겨 묻은 ( ) 나무란다.

뜻: 큰 허물을 가진 사람이 남의 작은 허물을 흉본다.

01 바르게 고쳐 쓰기

문제 다음 문장에서 밑줄 친 부분을 바르게 고쳐 쓰세요.

1 이 문제를 **마친** 사람에게 상을 내리겠다.

➡ ....

2 시험 볼 때 옆 사람의 답안지를 **옅보면** 안 된다.

➡ ....

3 돌고래가 물살을 힘차게 **해치고** 나아갔다.

➡ ....

4 감춰졌던 비밀이 드디어 **들어났습니다.**

➡ ....

5 **기차길**을 건너갈 때에는 조심해야 한다.

➡ ....

6 **마굿간** 안에는 여러 마리의 말들이 쉬고 있었다.

➡ ....

 다음 뜻풀이에 해당하는 속담을 고르세요.

1 못난 사람이 그와 함께 있는 사람까지 망신시킨다.

① 자다가 벼락을 맞는다.

② 어물전 망신은 꼴뚜기가 시킨다.

2 자신에 대한 충고를 들을 때는 괴롭지만 나중에는 도움이 된다.

① 입에 쓴 약이 병에는 좋다.

② 금강산도 식후경.

3 자기 형편이 급해서 남을 돌볼 여유가 없다.

① 되로 주고 말로 받는다.

② 내 코가 석 자.

4 여러 사람이 자기의 주장만 고집하면 일이 이루어지기 힘들다.

① 자라 보고 놀란 가슴 솥뚜껑 보고 놀란다.

② 사공이 많으면 배가 산으로 간다.

03 낱말의 뜻

문제 〈보기〉의 뜻풀이를 잘 보고, 빈칸에 알맞은 낱말을 넣으세요.

기여 : 도움이 되도록 이바지함.

훼방 : 남의 일을 방해함.

절차 : 일을 치르는 데 거쳐야 하는 순서나 방법.

운송 : 사람을 태워 보내거나 물건 따위를 실어 보냄.

치유 : 치료하여 병을 낫게 함.

1 외국으로 가는 비행기를 타려면 복잡한 (　　　　　)를 거쳐야 합니다.

2 이 커다란 배는 많은 짐을 (　　　　　) 할 수 있습니다.

3 여러 가지 약초들을 잘 사용하면 아픈 몸을 (　　　　　)할 수 있습니다.

4 올바르지 않은 방법으로 다른 사람의 일을 (　　　　　)해서는 안 됩니다.

5 철수는 우리 팀의 승리에 결정적인 (　　　　　)를 했습니다.

 **문제** 다음 글을 읽고 물음에 답하세요.

창남이는 우리 반에서 가장 인기 있는 친구이다. 이름이 창남이고 성이 한 씨인데, *안창남 아저씨와 이름이 비슷하여 친구들은 모두 그를 '비행사'라고 부른다.

창남이는 비행사같이 시원스럽고 유쾌한 성격을 가진 친구이다. 다른 친구가 걱정이 있어 얼굴을 찡그릴 때에는 재미난 말로 기분을 풀어 주고, 곤란한 일이 있을 때에는 좋은 의견을 내어 문제를 해결하여 주었다. 그래서 ㉠비행사의 이름이 더욱 높아졌다.

*안창남 : 우리나라 최초의 비행사.

1 창남이가 친구들에게 인기가 많은 까닭이 아닌 것을 고르세요.

① 창남이의 꿈이 우리나라 최초의 비행사라서.

② 친구가 걱정이 있을 때 기분을 풀어 주어서.

③ 곤란한 일이 있을 때 문제를 해결하여 주어서.

 ㉠의 뜻으로 바른 것을 고르세요.

① 창남이에게 새로운 별명이 생겼다.

② 친구들이 창남이를 무서워했다.

③ 창남이의 인기가 더욱 많아졌다.

문제 다음 글을 읽고 물음에 답하세요.

> ㉠이튿날, 만년샤쓰 창남이가 교문 근처에 오자 학생들이 허리가 부러지게 웃기 시작하였다. 창남이가 웃옷에 ㉡얇따랗고 해어진 바지를 입고, 양말도 안 신고 뚜벅뚜벅 걸어왔기 때문이다.
>
> 떠드는 학생들 틈을 ㉢헷치고 체육 선생님께서 "무슨 일이지?"하고 들여다보시다가 창남이의 그 모습을 보고 깜짝 놀라셨다.

3 ㉠, ㉡, ㉢을 바르게 고쳐 쓰세요.

㉠ 이튿날 ➡ ....

㉡ 얇따랗고 ➡ ....

㉢ 헷치고 ➡ ....

오행시 짓기

 **문제** 다음에 주어진 낱말로 재미있는 오행시를 지어 보세요.

자전거 통학

자 :

전 :

거 :

통 :

학 :

01 '해치다'와 '헤치다'

〈보기〉에 있는 낱말의 뜻을 잘 보고, 문장에 어울리는 말에 O표 하세요.

> **보기**
>
> **해치다** : 1. 마음이나 몸에 해를 입히다.
> 2. 다치게 하거나 죽이다.
>
> **헤치다** : 1. 속에 든 물건을 드러나게 하려고 덮인 것을 파거나 젖히다.
> 2. 앞에 걸리는 것을 좌우로 젖히다.
>
> 예) 호랑이가 산에서 내려와 사람들을 해쳤다.
> 풀을 헤치면서 앞으로 나아갔다.

1 불량식품은 우리의 건강을 (해칩니다 / 헤칩니다).

2 다른 사람을 (해치는 / 헤치는) 행동은 절대 하면 안 된다.

3 동수가 빗속을 (해치며 / 헤치며) 달려왔다.

4 배가 파도를 (해치며 / 헤치며) 앞으로 나아간다.

문제 밑줄 친 부분이 어떤 뜻으로 쓰였는지 골라 보세요.

1 그 이야기는 **귀에 못이 박히도록** 들었어.

① 같은 말을 여러 번 듣다.

② 다른 사람의 생각을 무시하다.

2 **더위를 먹었는지** 입맛이 없다.

① 여름철에 더위 때문에 몸에 이상 증세가 생기다.

② 여름철의 더위를 이겨내다.

3 이번에는 꼭 상대팀의 **콧대를 꺾어주자.**

① 걱정 때문에 맥이 빠지다.

② 상대편의 자만심이나 자존심을 꺾어 기를 죽이다.

4 우리 누나는 옷을 보는 **눈이 높다.**

① 정도 이상의 좋은 것만 찾는 버릇이 있다.

② 앞으로 일어날 일을 내다볼 줄 안다.

문제 〈보기〉의 뜻풀이를 잘 보고, 빈칸에 알맞은 낱말을 넣으세요.

> **보기**
>
> **굴복** : 힘이 모자라서 복종함.
>
> **진출** : 어떤 방면으로 활동 범위나 세력을 넓혀 나아감.
>
> **배열** : 일정한 차례나 간격에 따라 벌여 놓음.
>
> **수정** : 바로잡아서 고침.
>
> **탄로** : 숨긴 일을 드러냄.

1 시간이 충분하지 않아서 계획을 (　　　　　)할 수밖에 없었습니다.

2 우리 민족은 외세의 침략에도 절대 (　　　　　)하지 않았습니다.

3 도서관에는 책들이 질서정연하게 (　　　　　)되어 있습니다.

4 거짓말이 (　　　　　) 나서 부모님께 꾸중을 들었습니다.

5 더 많은 우리나라의 기업들이 해외로 (　　　　　)하고 있습니다.

문제 다음 글을 읽고 물음에 답하세요.

> 옛날 조선시대, 호남의 큰 고을 광주 무등산 자락에 가난한 부부가 살고 있었어요. 부부는 마을에서 외따로 떨어진 초가집에서 가난하게 살았어요. 부부가 짚신을 삼아 장에 내다 팔아서 ㉠ 겨우 입에 풀칠을 하였지요.
> 어느 날 해질 무렵, 손님이라고는 들지 않던 그 집에 이상한 손님이 찾아왔어요. 윤기가 흐르는 비단옷을 입은 사람이었어요.

1 윗글의 배경이 되는 시간과 장소를 쓰세요.

시간 (언제) : (　　　　　　　　　　) 시대

장소 (어디서) : (　　　　　　　) 의 큰 고을 광주 (　　　　　　　　) 자락

2 ㉠의 뜻으로 바른 것을 고르세요.

① 풍족하고 여유롭게 살아가다.

② 풀만 먹고 살아가다.

③ 어렵게 겨우 살아가다.

문제 다음 글을 읽고 물음에 답하세요.

구경꾼들이 ㉠ <u>야단법썩</u>이었어요. 박수와 환호가 그칠 줄을 몰랐지요.

"김 장사가 쓰러졌다! 새 장사가 나왔다!"

김덕령은 ㉡ <u>모랫판</u>에 쓰러진 채 일어나지 못하였어요. 낯선 총각은 황소도 그냥 놓아둔 채 소리 없이 사라졌어요.

씨름에서 진 김덕령은 ㉢ <u>몇칠</u> 동안 아무것도 먹지 않고 안절부절못하였지요. 그 모습을 보고 누나가 조용히 타일렀어요.

"그것 봐라. ㉣ <u>뛰는 놈 위에 나는 놈이 있는 법이야.</u> 이제 좀 겸손하게 행동하도록 하여라."

김덕령을 눕힌 씨름판의 총각은 바로 변장한 누나였어요.

1 ㉠, ㉡, ㉢을 바르게 고쳐 쓰세요

㉠ 야단법썩 ➡ ....   ㉡ 모랫판 ➡ ....

㉢ 몇칠 ➡ ....

2 ㉣의 뜻풀이로 바른 것을 고르세요.

① 충고를 들을 때는 괴롭지만 나중에는 도움이 된다.

② 아무리 재주가 뛰어나도 그보다 더 뛰어난 사람이 있다.

③ 큰 허물을 가진 사람이 다른 사람의 작은 허물을 탓한다.

꽁지 닷 발, 주둥이 닷 발

문제 '꽁지 닷 발, 주둥이 닷 발' 되는 새는 어떻게 생겼을까요? 새의 모습을 상상해서 그려 보세요.

*발 : 길이의 단위. 한 발은 두 팔을 양 옆으로 펴서 벌렸을 때 한쪽 손끝에서 다른 쪽 손끝까지의 길이.

01 '붙이다'와 '부치다'

문제 〈보기〉에 있는 낱말의 뜻을 잘 보고, 문장에 어울리는 말에 ○표 하세요.

보기

붙이다 : 맞닿아 떨어지지 않게 하다.

부치다 : 편지나 물건 등을 다른 사람에게 보내다.

예) 공책 표지에 스티커를 붙였다.
　　선물을 택배로 부쳤다.

1 내 방 벽에 영화 포스터를 (붙였습니다 / 부쳤습니다).

2 편지를 (붙이려고 / 부치려고) 우체국에 갔습니다.

3 아버지께서는 외국에 나가 있는 형에게 용돈을 (붙였습니다 / 부쳤습니다).

4 땔감에 불을 (붙였다 / 부쳤다).

문제 바르게 쓴 낱말에 O표 하세요.

1. 나는 (자장면 / 짜장면)을 좋아합니다.

2. 감기에 걸린 동생을 보자 (안쓰러운 / 안스러운) 생각이 들었다.

3. 홍수가 나서 마을이 물에 (잠갔다 / 잠겼다).

4. 이 꽃을 (재배 / 제배) 하려면 온실이 필요합니다.

5. 생명을 (하찬게 / 하찮게) 여기면 안 된다.

6. 우리는 (산등성이 / 산뜽성이) 를 타고 마을로 내려왔다.

7. 누나의 머리에는 (가리마 / 가르마) 가 선명하게 보입니다.

03 낱말의 뜻

문제 밑줄 친 부분이 어떤 뜻으로 쓰였는지 해당하는 번호를 써 보세요.

1 부르다

뜻 : ① 말이나 행동으로 다른 사람을 오라고 하다.
② 이름이나 명단을 소리 내어 읽으며 대상을 확인하다.
③ 먹은 것이 많아 속이 꽉 찬 느낌이 들다.

배가 <u>부르니</u> 졸음이 밀려 왔습니다. (　　　　)

선생님이 출석을 <u>부르셨습니다.</u> (　　　　)

명철이가 멀리서 나를 <u>불렀습니다.</u> (　　　　)

2 닦다

뜻 : ① 때나 먼지 따위의 더러운 것을 없애거나 윤기를 내려고 거죽을
문지르다.
② 거죽의 물기를 훔치다.
③ 길 따위를 내다.

바닥에 쏟아진 물을 걸레로 <u>닦았습니다.</u> (　　　　)

고속도로를 <u>닦는</u> 일은 시간이 오래 걸립니다. (　　　　)

하루에 세 번씩 이를 <u>닦습니다.</u> (　　　　)

문제 다음 글을 읽고 물음에 답하세요.

한참 가다 보니 길가에 논이 있는데, 끝이 안 보일 만큼 길어. 그런 논에서 ㉠왠 사람이 모를 심고 있거든.

"여보세요, 여보세요. 꽁지 닷 발, 주둥이 닷 발 되는 새가 우리 어머니 채 가는 것 못 보셨나요?"

"이 논 삼십 리에 모를 다 심어 주면 가르쳐 주지."

그래서 모를 심어 주었지. 그러니까 고맙다고 볏짚 태운 재를 한 되 주면서

"저기 좁디좁은 고개 ㉡넘어로 날아갔다."

하고 가르쳐 줘. 그래서 볏짚 태운 재를 봉지에 싸서 허리춤에 달고 고개를 넘어갔지.

겨우 고개를 넘어서 또 한참 가다 보니, 산비탈에 기우뚱한 고추밭이 있거든. 그 밭에서 ㉠왠 사람이 줄에 매달려 김을 매고 있어.

"여보세요, 여보세요. 꽁지 닷 발, 주둥이 닷 발 되는 새가 우리 어머니 채 가는 것 못 보셨나요?"

"이 고추밭 다 매면 가르쳐 주지."

그래서 줄에 매달려 그 ㉢기웃뚱한 밭의 김을 다 매 주었어. 그러니까 고맙다고 고춧가루 한 봉지를 주면서

"저기 구름 아래 큰 산 ㉡넘어로 날아갔다." 하고 가르쳐 주거든. 그래서 고춧가루 봉지를 소매 속에 넣고 큰 산을 넘어갔지.

겨우 산을 넘어서 또 한참 가다 보니 까치 한 마리가 참나무 가지에다 둥지를 틀고 있더래.

"까치야, 까치야. ㉣______________________ 못 보았니?"

 윗글을 잘 읽고, 일이 일어난 차례대로 빈칸에 번호를 쓰세요.

> ① 큰 산을 넘어감.
>
> ② 볏짚 태운 재 한 되를 받음.
>
> ③ 산비탈 고추밭을 매 줌.
>
> ④ 삼십 리 논에 모를 심음.
>
> ⑤ 고춧가루 한 봉지를 받음.
>
> ⑥ 고개를 넘어감.

(   ) ➡ (   ) ➡ (   ) ➡ (   ) ➡ (   ) ➡ (   )

2 ㉠, ㉡, ㉢을 바르게 고쳐 쓰세요.

㉠ 왠   ➡
....

㉡ 넘어로 ➡
....

㉢ 기웃뚱한 ➡
....

3 ㉣ 에 들어갈 문장을 윗글에서 찾아 쓰세요.

➡ (   ) 못 보았니?

문제 다음 속담 중에서 하나를 골라서 속담의 뜻과 관계있는 이야기를 만들어 글로 써 보세요.

티끌 모아 태산.

뜻풀이 : 아무리 작은 것이라도 모이고 모이면 나중에 큰 덩어리가 될 수 있다.

돌다리도 두들겨 보고 건너라.

뜻풀이 : 잘 아는 일이라도 세심하게 주의를 기울여야 한다.

정답과 선생님 지도

새교육 과정

학교에서 국어수업을 하기전에 미리 공부하는 교재
우리 아이들의 기초 체력을 키워주는 미리 만나는 교재

4·2

리딩엠

미리내 국어

정답과 선생님 지도

교과서 어휘
받아쓰기
맞춤법
띄어쓰기
문장쓰기
원고지 사용법

새교육 과정

학교에서 국어수업을 하기 전에 미리 공부하는 교재
우리 아이들의 기초체력을 키워주는 미리 만나는 교재

4 · 2

정답과 선생님 지도

1 감동이 머무는 곳 (1) | 9쪽

1. 낱말의 기본형

(1) ③

(2) ①

(3) ③

2. 공통으로 들어가는 말

(1) 맞

(2) 개

(3) 울

3. 낱말의 뜻

(1) ①

(2) ①

(3) ②

(4) ②

(5) ①

4. 교과서 읽기 (1)

(1) 인물 → 나, 고양이

　　사건 → 울부짖는 고양이를 만남.

　　배경 → 토요일 오후, 집 근처 길모퉁이

5. 교과서 읽기 (2)

(1) ②

(2) 토요일 오후

6. 내가 만든 이야기

> **선생님 지도**
>
> 제시된 낱말들 중에서 다섯 개를 고른 후 고른 낱말들을 사용하여 이야기를 만드는 문제입니다. 인물, 사건, 배경이 될 수 있는 낱말을 골라서 이야기를 만들어야 내용·형식적으로 짜임새 있는 글이 됩니다.

2 감동이 머무는 곳 (2) | 15쪽

1. '들리다' 와 '들르다'

(1) 들리면

(2) 들르지

(3) 들러

(4) 들리지

2. 맞춤법에 맞게 쓴 낱말

(1) 도대체

(2) 웬만한

(3) 수평아리

(4) 담그고

(5) 부치고

(6) 거짓말쟁이

(7) 예상

> (3) 수평아리 : 병아리의 수컷.
> 　　암평아리 : 병아리의 암컷.
> (4) 붙이다 : 맞닿아 떨어지지 않게 하다.
> 　　부치다 : 편지나 물건 등을 다른 사람에게 보내다.

3. 낱말의 뜻

(1)

다음부터는 실수를 하지 않기로 마음먹었다.(②)

물 먹은 솜이 매우 무겁다.(③)

아침을 너무 많이 먹어서 배탈이 났다.(①)

두 살 먹은 아이가 벌써 말을 한다.(④)

(2)

모자를 쓰면 얼굴이 햇볕에 타지 않는다.(③)

일기는 매일 쓰는 것이 중요하다.(①)

이 망치를 쓰면 못을 빨리 박을 수 있다.(②)

4~5. 교과서 읽기 (1)~(2)

(1) ③

(2) ①

(3) 저녁때

(4) 어렴풋이

6. 그림 읽기

> 제시된 그림은 김홍도의 〈무동〉입니다. 악기를 연주하는 사람들과 그들 가운데서 신나게 춤을 추고 있는 무동의 모습이 흥겨워 보입니다. 피리를 부는 사람의 볼이 불룩하게 튀어나온 모습, 무동의 옷자락이 나부끼는 모습 등에서 사실적이고 역동적인 분위기를 느낄 수 있습니다.

3　하나씩 배우며 (1)　| 21쪽

1. 높임말

(1) 명 → 분

(2) 아파서 → 편찮으셔서

(3) 하시라고 → 하라고

(4) 생일 → 생신

(5) 줄 → 주실

(6) 데리고 → 모시고

> 상황에 따라 높임말을 바르게 쓰는 것만큼 예사말을 바르게 쓰는 것도 중요합니다. 특히 높이지 않아도 되는 대상에게 높임말을 쓰는 것은 옳지 않습니다.

2. 낱말의 기본형

(1) ②

(2) ①

(3) ③

3. 낱말의 뜻

(1) 시각

(2) 청각

(3) 촉각

(4) 후각

(5) 미각

4. 교과서 읽기 (1)

(1) 제례, 민중, 여흥

5. 교과서 읽기 (2)

(1) ②

(2) 왼씨름

6. 김홍도

> 풍속화는 일정한 사회계층을 대표하는 사람들의 풍속이나 취미, 일상생활의 모습을 제재로 그린 그림입니다. 김홍도의 작품 〈씨름〉, 〈서당〉, 〈무동〉, 〈대장간〉 등에는 일반 서민들의 삶과 당시 천민으로 취급 받던 대장장이, 마부, 머슴들의 생활이 해학적으로 잘 나타나 있습니다.

4　하나씩 배우며 (2)　| 27쪽

1. 문장의 성분

(1) ②

(2) ③

(3) ①

(4) ②

(5) ③

(6) ①

2. 속담

(1) ②

(2) ②

(3) ②

(4) ①

3. 낱말의 뜻

(1) 되풀이

(2) 모양새

(3) 반대

(4) 판단

(5) 흥분

4. 교과서 읽기 (1)

(1) ②

(2) ①

5. 교과서 읽기 (2)

(1) ②

(2) ㉠ 대비 → 두 가지의 차이를 밝히기 위해 서로 비교함.
　　㉡ 대비 → 앞으로 일어날 일에 대해 미리 준비함.

6. 한옥의 구조

> **선생님 지도**
>
> 남부 지방과 북부 지방의 한옥 구조 차이를 설명한 글입니다. 한옥의 구조가 지방에 따라 차이를 보이는 것은 자연환경이 서로 다르기 때문입니다.

5 서로 다른 의견 (1) | 33쪽

1. 띄어쓰기

(1)

	설	명	하	는		말	을		들	을
때	에	는		듣	는		목	적	을		생
각	하	며		들	어	야		합	니	다	.

(2)

	민	철	이	가		야	구	를		하	다
가		옆	집		창	문	을		깼	다	.

(3)

	아	버	지	와		약	수	터	에		도
착	한		시	간	은		7	시		15	분
이	었	다	.								

2. 사동 표현

(1) 돌렸다

(2) 웃긴다

(3) 세웠다

(4) 채웠다

(5) 태웠다

3. 낱말의 뜻

(1) 증명

(2) 적나라하게

(3) 납득

4. 교과서 읽기 (1)

(1) ③

(2) ㉠ 골대
　　㉡ 마칠

5. 교과서 읽기 (2)

(1) ③

(2) 후세

6. 훈민정음(訓民正音)

> **선생님 지도**
>
> 한글이 처음 창제되었을 당시에는 자음·모음 체계가 지금과 많이 달랐고, 문법적인 차이도 많았습니다. 제시된 자료는 〈훈민정음 예의본(訓民正音 例義本)〉입니다. 〈훈민정음〉의 한글과 현재 우리가 사용하는 한글의 모습이 어떻게 다른지 알 수 있게 해 주는 자료입니다.

6 서로 다른 의견 (2) | 39쪽

1. '배다'와 '베다'

(1) 벨

(2) 배어

(3) 배었습니다

(4) 베러

2. 사동 표현

(1) 끓인다

(2) 녹였다

(3) 말리고

(4) 부풀렸다

(5) 비웠다

3. 낱말의 뜻

(1) 궁리

(2) 정체

(3) 음모

(4) 공정

(5) 박탈

4. 교과서 읽기 (1)

(1) ②

5. 교과서 읽기 (2)

(1) ㉠ → 가다 말면 아니 가느니만 못하다.

　　ㄴ → 세 살 적 버릇 여든까지 간다.

6. 십자말풀이

〈가로 열쇠〉

(1) 거북선

(3) 생신

(5) 백독백습

〈세로 열쇠〉

(1) 거중기

(2) 선생님

(4) 복습

| 7 | 이럴 때는 이렇게 (1) | 45쪽 |

1. 문장의 성분

(1) 공을, 쓰레기를 등

(2) 망가뜨렸습니다, 고쳤습니다 등

(3) 찢었습니다, 던졌습니다 등

(4) 친구가, 동생이 등

(5) 강아지가 달린다 등

(6) 꽃이 예쁘다 등

(7) 이것은 연필이다 등

---

2. 비유적 표현

(1) ②

(2) ②

(3) ①

(4) ①

3. 낱말의 뜻

(1) ①

(2) ②

(3) ②

(4) ①

(5) ②

4~5. 교과서 읽기 (1)~(2)

(1)

㉠ 우리 → 저희

㉡ 해결하는 게 → 해결하는 것이

㉢ 땜에 → 때문에

㉣ 근데 → 그런데

㉤ 건 → 것은

(2) ③

(3) ①

6. 고인돌

고인돌의 의미와 우리나라 고인돌에 대해 설명한 글입니다.

| 8 | 이럴 때는 이렇게 (2) | 51쪽 |

1. 바르게 고쳐 쓰기

(1) 법석거렸다

(2) 은근히

(3) 뒤통수

(4) 얼떨결

(5) 엇갈리는

(6) 설거지

선생님 지도

(3) 뒷말의 첫소리가 거센소리(ㅊ, ㅋ, ㅌ, ㅍ)나 된소리(ㄲ, ㄸ, ㅃ, ㅆ, ㅉ)일 경우에는 사이시옷을 쓰지 않습니다.

예) 위 + 층 → 위층
　　허리 + 춤 → 허리춤
　　나루 + 터 → 나루터
　　허리 + 띠 → 허리띠

2. 맞춤법에 맞게 쓴 낱말

(1) 장난기

(2) 베풀면서

(3) 지배

(4) 비로소

(5) 위층

(6) 훼손

(7) 각별히

3. 낱말의 뜻

(1) 공손

(2) 기회

(3) 대피

(4) 본래

4~5. 교과서 읽기 (1)~(2)

(1) ③

(2) ㉠ 후게자 → 후계자

　　㉡ 역활 → 역할

　　㉢ 경개 → 경계

(3) ㉠ 뭔가를 → 무엇인가를

　　㉡ 들어줄게요 → 들어 드릴게요

　　㉢ 편찮은데 → 아픈데

6. 십자말풀이

〈가로 열쇠〉

(2) 인터넷

(3) 맷돌

(4) 단팥죽

〈세로 열쇠〉

(1) 고인돌

(3) 맷집

(5) 팥쥐

---

1. '맞추다' 와 '마치다'

(1) 맞춰

(2) 맞춰야

(3) 마치고

(4) 마치지

선생님 지도

맞추다
→ 떨어져 있는 부분을 제자리에 맞게 붙이다.
→ 둘 이상의 대상을 나란히 놓고 비교하여 살피다.

마치다
→ 어떤 일이나 과정 등이 끝나다.

맞히다
→ '맞다(문제에 대한 답이 틀리지 아니하다)' 의 사동사.
→ '맞다(자연 현상에 따라 내리는 눈, 비 따위의 닿음을 받다)' 의 사동사.
→ '맞다(어떤 좋지 아니한 일을 당하다)' 의 사동사.
→ '맞다(침, 주사 따위로 치료를 받다)' 의 사동사.
→ '맞다(쏘거나 던지거나 한 물체가 어떤 물체에 닿다)' 의 사동사.

2. 낱말의 기본형

(1) ①

(2) ②

(3) ①

3. 낱말의 뜻

(1) 어린이 캠프에 참가한 철민이는 (고민)이 생겼습니다. 점점 추워지는 날씨를 (고려)하지 않고 얇은 옷만 가져온 것입니다. 그래서 철민이는 같은 조에 있는 친구에게 옷을 빌려 입기로 했습니다.

(2) 과학자는 항상 주위에 있는 사물을 (관찰)해야 합니다. 그래야만 다른 사람이 발견하지 못한 현상을 찾을 수 있기 때문입니다. 과학자는 흥미 있는 현상을 발견하면 여러 가지 방법을 통해서 그 현상을 (연구)합니다.

4. 교과서 읽기 (1)

(1) ③

(2) 단백질, 칼슘

5. 교과서 읽기 (2)

(1) 규칙적인 운동, 충분한 잠, 긍정적인 생각은 성장 (호르몬) 분비를 (촉진)시켜 키 성장을 돕는다.

(2) ②

6. 옛날 사람들은 어떤 배를 탔을까?

옛날 우리나라 사람들이 탔던 배에 대해 설명하는 글입니다. 우리나라는 옛날부터 조선술이 발달하여 우수한 배들을 많이 만들었습니다. 이순신 장군은 거북선을 사용하여 왜군에게 큰 피해를 입혔고, 장보고는 거대한 무역 선단을 활용하여 해상 무역에서 큰 힘을 발휘할 수 있었습니다.

10　정보를 모아 (2)　　　| 63쪽

1. 바르게 고쳐 쓰기

(1) 뿔뿔이

(2) 호루라기

(3) 온데간데없이

(4) 후회

(5) 실컷

(6) 산봉우리

2. '버리다', '벌리다', '벌이다'

(1) 벌인

(2) 벌리고

(3) 버려야

'버리다'는 다른 낱말과 혼동하는 경우가 적지만, '벌리다'와 '벌이다'는 자주 혼동합니다. 특히 '벌이다'를 써야 할 상황에서 '벌리다'를 쓰는 경우가 많습니다. 각 낱말의 뜻을 분명하게 알고 상황에 적절한 낱말을 사용해야 합니다.

3. 낱말의 뜻

(1) 점검

(2) 건축

(3) 모방

(4) 감염

4~5. 교과서 읽기 (1)~(2)

(1) ①

(2) ②

(3) ③

6. 내가 만든 이야기

제시된 속담 중에서 하나를 골라서 속담의 뜻과 관련된 이야기를 만화로 그리는 문제입니다. 만화를 그리기 전에 속담이 가지고 있는 뜻을 분명하게 이해해야 합니다.

11　여러 가지 의견 (1)　　　| 69쪽

1. 외래어 바르게 쓰기

(1) 넥타이　(2) 카메라

(3) 라디오　(4) 텔레비전

(5) 케이크　(6) 초콜릿

(7) 소시지　(8) 배터리

(9) 서비스　(10) 테이프

2. '다리다'와 '달이다'

(1) 달이는

(2) 달인

(3) 다릴

(4) 다리고

3. 낱말의 뜻

(1) ④

(2) ③

(3) ③

(4) ①

(5) ④

4~5. 교과서 읽기 (1)~(2)

(1) ②

(2) ③

(3) ②

6. 속담 속의 동물

(1) 까마귀

(2) 새, 쥐

(3) 고래, 새우

(4) 개, 개

1. 바르게 고쳐 쓰기

(1) 맞힌
(2) 엿보면
(3) 헤치고
(4) 드러났습니다
(5) 기찻길
(6) 마구간

> **선생님 지도**
>
> (6) '한자어 + 한자어'의 경우 '숫자, 횟수, 곳간, 툇간, 찻간, 셋방'을 제외하고 사이시옷을 쓰지 않습니다.

2. 속담

(1) ②
(2) ①
(3) ②
(4) ②

3. 낱말의 뜻

(1) 절차
(2) 운송
(3) 치유
(4) 훼방
(5) 기여

4~5. 교과서 읽기 (1)~(2)

(1) ①
(2) ③
(3) ㉠ 이튼날 → 이튿날
　　㉡ 얇따랗고 → 얄따랗고
　　㉢ 헷치고 → 헤치고

6. 오행시 짓기

> **선생님 지도**
>
> 오행시를 지을 때 '자전거 통학'의 각 글자가 각각의 문장 맨 앞에 와야 합니다.

1. '해치다'와 '헤치다'

(1) 해칩니다
(2) 해치는
(3) 헤치며
(4) 헤치며

2. 비유적 표현

(1) ①
(2) ①
(3) ②
(4) ①

3. 낱말의 뜻

(1) 수정
(2) 굴복
(3) 배열
(4) 탄로
(5) 진출

4. 교과서 읽기 (1)

(1) 시간(언제) : (조선)
　　장소(어디서) : (호남), (무등산)
(2) ③

5. 교과서 읽기 (2)

(1) ㉠ 야단법썩 → 야단법석
　　㉡ 모랫판 → 모래판
　　㉢ 몇칠 → 며칠

> **선생님 지도**
>
> 날수를 나타내는 모든 경우에 '며칠'을 씁니다. '몇일'은 맞춤법이 개정되면서 쓰이지 않게 된 표현입니다.

(2) ②

6. 꽁지 닷 발, 주둥이 닷 발

교과서에 나온 〈꽁지 닷 발, 주둥이 닷 발〉에 등장하는 새의 모습을 상상해서 그리는 문제입니다. '발'은 길이의 단위로서, 한 발은 두 팔을 양 옆으로 펴서 벌렸을 때 한쪽 손끝에서 다른 쪽 손끝까지의 길이입니다.

14 삶의 향기 (2) | 87쪽

1. '붙이다' 와 '부치다'

(1) 붙였습니다

(2) 부치려고

(3) 부쳤습니다

(4) 붙였다

2. 맞춤법에 맞게 쓴 낱말

(1) 자장면

(2) 안쓰러운

(3) 잠겼다

(4) 재배

(5) 하찮게

(6) 산등성이

(7) 가르마

3. 낱말의 뜻

(1)

배가 부르니 졸음이 밀려 왔습니다. (③)

선생님이 출석을 부르셨습니다. (②)

명철이가 멀리서 나를 불렀습니다. (①)

(2)

바닥에 쏟아진 물을 걸레로 닦았습니다. (②)

고속도로를 닦는 일은 시간이 오래 걸립니다. (③)

하루에 세 번씩 이를 닦습니다. (①)

4~5. 교과서 읽기 (1)~(2)

(1) (④) → (②) → (⑥) → (③) → (⑤) → (①)

(2) ㉠ 왠 → 웬

 ㉡ 넘어로 → 너머로

 ㉢ 기웃뚱한 → 기우뚱한

(3) 꽁지 닷 발, 주둥이 닷 발 되는 새가 우리 어머니 채 가는 것.

6. 내가 만든 이야기

제시된 속담 중에서 하나를 골라서 속담의 뜻과 관련된 이야기를 만화로 그리는 문제입니다. 만화를 그리기 전에 속담이 가지고 있는 뜻을 분명하게 이해해야 합니다.

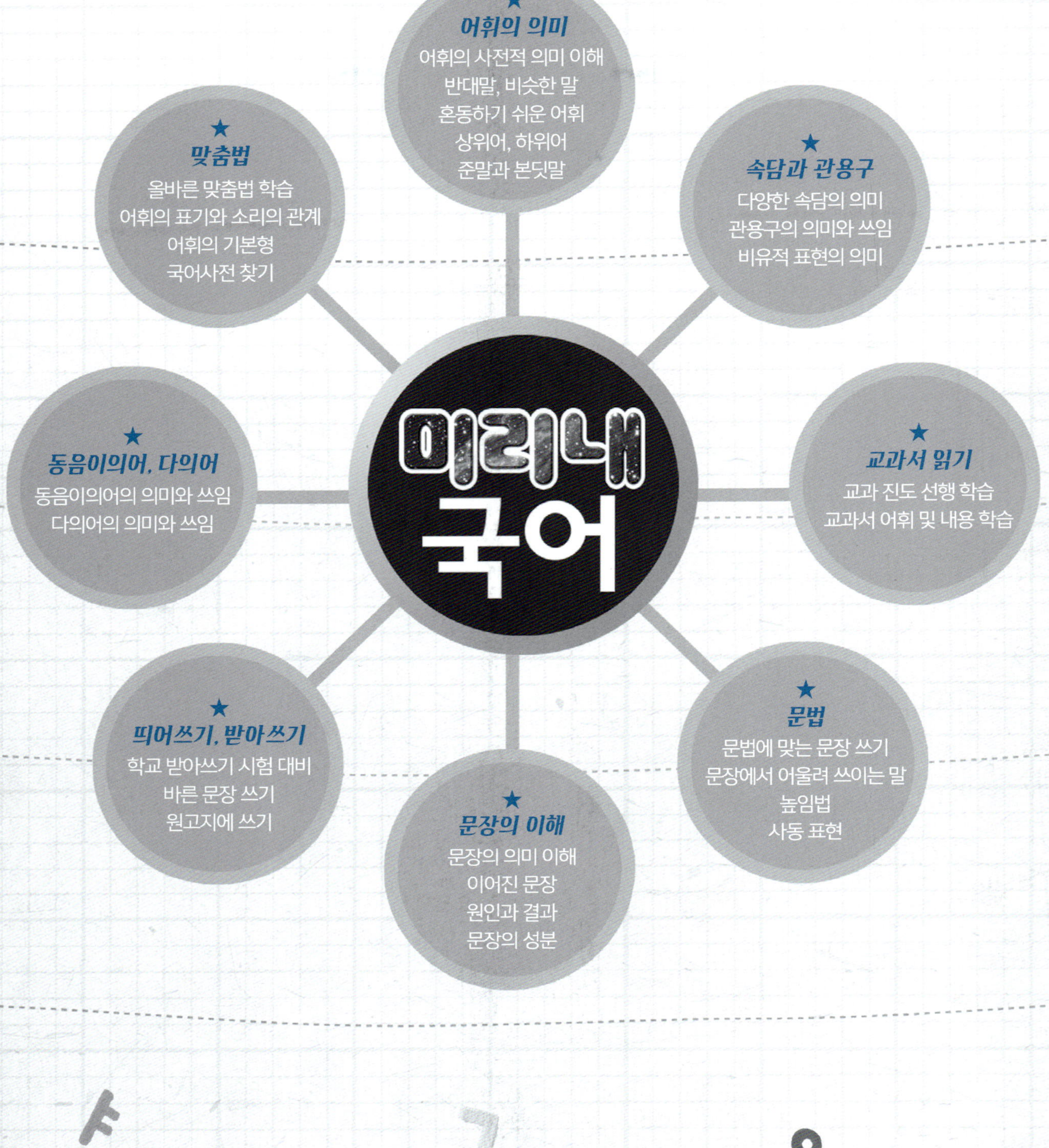
미리내 국어
어휘의 의미
어휘의 사전적 의미 이해
반대말, 비슷한 말
혼동하기 쉬운 어휘
상위어, 하위어
준말과 본딧말
맞춤법
올바른 맞춤법 학습
어휘의 표기와 소리의 관계
어휘의 기본형
국어사전 찾기
속담과 관용구
다양한 속담의 의미
관용구의 의미와 쓰임
비유적 표현의 의미
동음이의어, 다의어
동음이의어의 의미와 쓰임
다의어의 의미와 쓰임
교과서 읽기
교과 진도 선행 학습
교과서 어휘 및 내용 학습
띄어쓰기, 받아쓰기
학교 받아쓰기 시험 대비
바른 문장 쓰기
원고지에 쓰기
문장의 이해
문장의 의미 이해
이어진 문장
원인과 결과
문장의 성분
문법
문법에 맞는 문장 쓰기
문장에서 어울려 쓰이는 말
높임법
사동 표현